존 오웬의
그리스도인의 교제 의무

Duties of Christian Fellowship

by John Owen

Copyright ⓒ 2017 by The Banner of Truth Trust

This book is a modernized form of the text contained in The Works of John Owen, Vol. XIII, edited by William H. Goold (1850-53; repr. Edinburgh: Banner of Truth Trust, 2009), pp. 51-87.

This edition published by the Banner of Truth Trust in 2017.

All rights reserved.

Translated and used by permission of The Banner of Truth Trust through arrangement of rMaeng2, Seoul, Republic of Korea.

This Korean Edition Copyright ⓒ 2019 by Reformed Practice Books, Seoul, Republic of Korea.

이 한국어판의 저작권은 알맹2 에이전시를 통해 Banner of Truth Trust와 독점 계약한 개혁된실천사에 있습니다.

신 저작권법에 의해 한국 내에서 보호받는 저작물이므로 무단 전재와 무단 복제를 금합니다.

존 오웬의 그리스도인의 교제 의무

지은이 존 오웬

옮긴이 김태곤

펴낸이 김종진

초판 발행 2019. 7. 18.

초판 2쇄 2024. 5. 13.

등록번호 제2018-000357호

등록된 곳 서울특별시 서초구 서초중앙로 24길 55, 401-2호

발행처 개혁된실천사

전화번호 02)6052-9696

이메일 mail@dailylearning.co.kr

웹사이트 www.dailylearning.co.kr

책값은 뒤표지에 있습니다.

ISBN 979-11-966781-1-1 03230

개혁된
실천
시리즈

그리스도인의 교제의 개혁된 실천

존 오웬의
그리스도인의 교제 의무

존 오웬 지음

김태곤 옮김

개혁된
실천사

에스골:

가나안의 포도송이

얼굴을 시온으로 향하고 약속의 땅으로 여행하고 있는
성도들을 격려하기 위해 국경을 넘어 가져옴
또는
복음의 질서에 따라 교제하는 삶을 어떻게 살 것인지
신자들에게 지시하는 규칙들

목차

본서 활용을 위한 몇 가지 제안 · **9**

서문 · **12**

1부 · **15**

목사와의 교제에 관한 규칙들(규칙 1-7)

2부 · **47**

다른 신자들과의 교제에 관한 규칙들(규칙 1-15)

본서는 오웬이 에섹스의 코글쉘에서 그의 독자적 원칙에 따라 교회를 설립한 직후인 1647년에 처음 출간되었다. 오웬은 회중주의적 견해를 채택한 후에 이 책을 썼지만, 이 책은 회중주의뿐 아니라 모든 형태의 교회 정치에 적용될 수 있다. 각각의 규칙은 성경의 증거에 기초해 마련되었고 관련 설명이 뒤를 잇는다.

이 책은 여러 판본으로 출간되어 왔다. 신자들의 큰 호응이 있었는데 이 점은 별로 놀랍지 않다. 왜냐하면 오웬의 다른 책들과 마찬가지로, 이 책에도 그의 깊은 경건과 건전한 판단과 명료한 배열과 포괄적 성경 지식이 두드러지게 나타나기 때문이다. 본서는 교회의 교제에 관한 일종의 매뉴얼로서 오늘날까지 타의 추종을 불허한다. 또한 본서는 주목할 만한 한 가지 문체적 특징을 지니고 있다. 즉 존 오웬 특유의 간결한 문체로 쓰여 있다.

윌리엄 H. 굴드(William H. Goold)

1850

본서 활용을 위한 몇 가지 제안

 존 오웬은 원래 이 매뉴얼을 성도들의 개별적 사용을 위해 쓴 것으로 추정된다. 그는 평소 자기점검과 묵상과 기도의 개인적 경건훈련의 삶을 강조하였는데, 이 책 또한 개인적 공부에 매우 적절하게 구성되어 있다. 각 개인은 날을 정해서 이 책의 내용을 묵상하고 기도하면서, 한 개의 규칙에 집중할 수 있다. 22개의 규칙들 각각에는 한 주 동안의 묵상과 연구에 충분한 내용이 들어 있다. 따라서 이 매뉴얼은 3주 동안 매일 간략하게 공부할 수도 있고 5개월 동안 장기적으로 공부할 수도 있다.

 그러나 본서는 교회의 교제를 위한 매뉴얼로서, 교회

에서 함께 공부하는 것이 이상적이다. 각각의 규칙은 평일 성경공부 또는 주일 교인교육을 위한 주제로 활용될 수 있다. 목사와의 관계를 다루는 1부의 내용 중에는 목회자가 인도하기에 불편한 내용이 있을 수도 있다. 따라서 이 부분은 장로나 은퇴한 목회자가 맡아서 공부를 인도하고, 15개 규칙들을 다루는 2부만 목회자가 맡아서 진행할 수도 있다. 각 장의 끝부분에 첨부된 질문을 사용하여, 질문하고 답하고 토론하는 시간을 가지면서 성경공부를 마무리할 수 있다.

현재 많은 교회들이 성경을 공부하고 토론하기 위한 소그룹 가정모임을 마련하고 있다. 이 책을 활용하여 소그룹 가정모임을 가질 수 있다. 각 모임 때마다 한두 개의 규칙들을 공부할 수 있다. 만일 소그룹이 매주 만난다면 10주 동안 공부할 수 있고, 한 달에 한 번 만난다면 1년 동안 공부할 수 있다.

토론을 돕기 위한 질문들이 각 장 말미에 첨부되어 있다. 이 질문들은 각 부분의 내용 전체를 돌아보게 하기보다는 그 중 몇몇 특정 사항들에 초점을 맞춘다. 보다 개인적인 몇몇 질문들은 그룹 토론보다는 개인적인 묵상에 활용하는 것이 바람직할 것이다.

교회의 교제를 위해서는 서로에 대한 세심한 배려와 사랑이 반드시 필요하며, 존 오웬도 그런 덕목을 매우 강조한다. 교회 전체 모임에서든 더 작은 소그룹 모임에서든, 모임에 참여하는 모든 이들은 반드시 그런 덕목을 갖추어야 한다.

서문

경건의 능력의 향상을 갈망하는 모든 이들이, 교단이나 신조의 차이에도 불구하고 한 마음으로 동의하는 교회 경영 원칙들이 있다. 그 중 가장 중요한 네 가지는 다음과 같은데, 이 책의 내용은 이 네 가지 원칙을 기초로 한다.

1. 직분자들의 지도 아래 모든 신자들은 개별적으로 또는 회중적으로 예수 그리스도의 규례에 참여해야 한다. 이것은 하나님에게서 비롯된 신성한 제도이다.
2. 모든 신실한 신자는 참된 교회의 표지를 지닌 단일 회중에 합류해야 한다.

3. 각 신자가 교회에 합류하여 그 속에서 교제를 나누기 위해서는 먼저 그 교회에서 시행되는 그리스도의 규례들에 기꺼이 동의하며 이에 복종해야 한다.

4. 한 지역에 거주하는 모든 신자들은, 인원이 너무 많아서 불가피하게 복수의 회중으로 나누어져야 하는 특수한 경우를 제외하고는, 한 회중에 합류하는 것이 편리하다. 그렇게 하지 않으면 그 지역 안의 복수 회중 간에 다툼과 시기가 일어나고 사랑이 깨질 위험이 있다.

본서는, 이 네 가지 원칙에 기초하여, 교회 문제들에 관한 사변적 논쟁에 빠져 있는 신자들을 거기서 이끌어내어 그리스도께서 분명히 명하신 의무들을 진지하고 겸손하게 수행하도록 안내하고자 한다.

왜냐하면, 우리의 선행으로 어리석은 사람들의 무식한 말을 막으시는 것이 하나님의 뜻이기 때문이다(벧전 2:15).

숙고/토론을 위한 질문

1. 존 오웬은 이 책의 제목을 '에스골'이라고 정했다. 그가 이런 제목을 택한 이유를 추측해보라(민 13:23-24).

2. 이 책은 17세기의 교회 멤버들을 위한 매뉴얼이다(이 책은 1647년에 출간되었음). 여기 수록된 규칙들이 21세기의 신자들에게도 여전히 적용되어야 하는 이유는 무엇인가?

3. 여기 언급된 네 가지 원칙들이 오늘날에도 여전히 사람들의 일반적 동의를 얻고 있다고 생각하는가?

1부

목사와의
교제에 관한
규칙들
(규칙 1-7)

규칙 1

신자들은 직분자인 목사가 수행하는 말씀 설교와 규례의 집행에 정규적으로 참석하며 이에 복종해야 한다. 이것은 주님에 대한 의도적인 순종의 표현으로 그리해야 한다.

- 고전 4:1 사람이 마땅히 우리를 그리스도의 일꾼이요 하나님의 비밀을 맡은 자로 여길지어다

- 고후 5:18,20 그가…우리에게 화목하게 하는 직분을 주셨으니…그러므로 우리가 그리스도를 대신하여 사신이 되어 하나님이 우리를 통하여 너희를 권면하시는 것 같이…

- 고후 4:7 우리가 이 보배를 질그릇에 가졌은즉 이는 심히 큰 능력은 하나님께 있고 우리에게 있지 아니함을 알게 하려 함이라
- 갈 4:14 (너희가) 나를 하나님의 천사와 같이 또는 그리스도 예수와 같이 영접하였도다
- 살후 3:14 누가 이 편지에 한 우리 말을 순종하지 아니하거든 그 사람을 지목하여 사귀지 말고
- 히 13:7,17 하나님의 말씀을 너희에게 일러주고 너희를 인도하던 자들을 생각하며…너희를 인도하는 자들에게 순종하고 복종하라 그들은 너희 영혼을 위하여 경성하기를 자신들이 청산할 자인 것 같이 하느니라 그들로 하여금 즐거움으로 이것을 하게 하고 근심으로 하게 하지 말라 그렇지 않으면 너희에게 유익이 없느니라

설명 1

말씀 설교에는 이중의 권능(power)이 주어진다. 그것은 능력(ability)과 권위(authority)이다.

첫째, 목회 직분으로 부르심받은 자들은 직분을 맡기에 합당한 자격 요건들(딤전 3:2-7; 딛 1:6-9에 언급됨)뿐 아니라 설교의 능력(ability)을 구비해야 한다. 또한 사역자의 직분으로 구별되지는 않았지만 하나님의 섭리 가운데 복음을 전하도록 부르심받은 자들에게도 설교의 능력이 요구된다(롬 10:14-15). 영혼의 회심을 위해 말씀을 전하는 사역은 모두에게 선을 행하라는 일반적 의무 아래 포함된 도덕적 의무라는 점에서, 직분자로 임명된 자들에게만 국한되지 않는다.

둘째, 공식적으로 직분자로 구별된 자들에게는 권위(authority)가 주어진다. 이는 다음과 같은 일들에서 비롯된다.

1. 그리스도께서 직분을 세우심(엡 4:11).
2. 하나님의 섭리적 임명(마 9:38).
3. 교회의 청빙, 선출, 임명, 수락과 이에 대한 복종(갈 4:14; 행 14:23; 살전 5:12-13; 행 6:3; 고후 8:5). 이것은 목사들에게 신자들의 신앙을 주관하거나(고후 1:24), 신자들의 주인

노릇을 할(벧전 5:3) 권리를 주는 것이 아니다. 다만 하나
님의 집의 청지기 직분으로 임명하는 것이다(고전 4:1-
2). 즉, 하나님의 특정 양떼를 돌아보며 감독하게 하는
것이다(행 20:28).

따라서 세워진 직분자의 말은

1. 하나님의 진리로 받아야 하며
2. 그리스도께서 세우신 제도에 따라 특히 나 자신을 향
   한 목회적 권위에서 나온 진리로 받아야 한다.

오늘날 너무나 많은 사람들이 말씀을 듣고도 태만하고
부주의하며 규모가 없다. 그 이유는 바로 위와 같은 소중
한 원칙들을 놓치고 있기 때문이다. 말씀 설교 안에 있는
하나님의 진리와 하나님의 권위를 존중하지 않으면, 설교
를 열매 맺는 방식으로 귀담아듣는 것은 거의 불가능하
다. 사람들이 말씀을 듣는 일에 별 흥미가 없는 것은 말씀
을 실천하는 일에 흥미가 없기 때문이다.

이 규칙에 따를 동기를 얻기 위해서는 다음과 같은 사항들을 올바로 인식하는 것이 중요하다.

1. 목사들이 하나님의 이름으로 말하며 하나님의 이름으로 설교한다는 사실(고후 5:20).
2. 그들이 행하는 사역의 중요성(고전 3:9; 고후 6:1; 딤전 4:16).
3. 그들이 져야 할 책임의 막중함(히 13:17).
4. 그들이 하나님을 위해 일할 때 하나님이 그들에 대해 지대한 관심을 갖고 계시다는 사실(마 10:40; 눅 10:16).
5. 자신에게 설교로 선포되는 말씀에 대해 듣는 자들이 져야 할 엄중한 책임(대하 36:15-16; 잠 1:22-29; 눅 10:16; 막 4:24; 히 2:1-3, 4:2).

숙고/토론을 위한 질문

1. 오늘날에는 권위에 대해서 무조건 반발하는 경향이 있다. 이런 경향은 하나님의 종인 목사에 대한 (i) 불신자들의 태도와 (ii) 신자들의 태도에서 각각 어떻게 나타나는가?

2. 우리는 하늘에서 비롯된 직분과 소명을 지닌 목사와 죄악된 인간으로서의 목사를 구분하는가? 목사와의 관계에서, 우리는 이 두 측면 사이에서 어떻게 균형을 유지하는가?

3. 이 규칙에 비추어, 신자는 목사의 설교를 어떻게 경청해야 하는가?

4. 정규적인 예배 출석과 설교 내용에 대한 묵상 등 여러 가지 실천사항들이 이 규칙과 관련되어 있다. 이 규칙과 관련된 여러 실천사항들을 열거하고 토론해보라.

규칙 2

목사가 예수 그리스도의 길을 걷는 한, 그의 생활방식을 주목하고 주의하며 이를 잘 본받아야 한다.

- 고전 4:16 그러므로 내가 너희에게 권하노니 너희는 나를 본받는 자가 되라
- 고전 11:1 내가 그리스도를 본받는 자가 된 것 같이 너희는 나를 본받는 자가 되라
- 히 13:7 하나님의 말씀을 너희에게 일러주고 너희를 인도하던 자들을 생각하며 그들의 행실의 결말을 주의하여 보고 그들의 믿음을 본받으라

- 살후 3:7 어떻게 우리를 본받아야 할지를 너희가 스스로 아나니 우리가 너희 가운데서 무질서하게 행하지 아니하며
- 빌 3:17 형제들아 너희는 함께 나를 본받으라 그리고 너희가 우리를 본받은 것처럼 그와 같이 행하는 자들을 눈여겨보라
- 딤전 4:12 오직 말과 행실과 사랑과 믿음과 정절에 있어서 믿는 자에게 본이 되어
- 벧전 5:3 양 무리의 본이 되라

설명2

구약에서나 신약에서나, 거룩한 일을 맡은 자들에게는 항상 모범적인 삶이 요구되었다. 구약 제사장들의 영광스러운 예복, 그들의 삶의 흠결 없는 올곧음과 성실함, 우림과 둠밈, 기타 여러 장식들은 우선적으로 예수 그리스도를 가리키는 모형이었다. 하지만 그것들은 사역자에게 요구되는 정결과 거룩을 보여주는 면도 있었다(슥 3:4). 또한 신약 성경은, 사역자들더러 선한 행실의 빛을 발하라고

분명히 명령한다(마 5:16). 사역자들은 예배와 관련된 하나님의 방식을 거스르지(구약과 신약 모두에서 그런 일이 일어났음, 삼상 2:17; 빌 3:18-19) 않을 뿐 아니라, 자신의 삶을 통해 외인들에게서도 선한 증거를 얻어야 하고(딤전 3:7), 교인들에게는 실천적 삶의 모범을 제시해야 한다.

목사의 삶은 분명한 웅변이 되어야 한다. 설교는 말뿐만 아니라 삶을 통해 전달되어야 한다. 노아 시대의 일꾼들은 노아를 도와 방주를 만들었지만, 정작 그들 자신은 물에 빠져 죽었다. 사역자가 그 심령을 마귀에게 정복당한다면 말을 아무리 청산유수로 하더라도 하나님께 인정받을 수 없을 것이다. 예수님은 행하시며 가르치셨다(행 1:1). 만일 어떤 사람이 가르침은 올바르지만 행동이 그릇되면, 그는 낮에 말로 세운 것을 밤에 삶으로 더 크게 무너뜨릴 것이다.

사역자가 모범적인 삶을 살려면 그 안에 그리스도께서 사셔야 하며(갈 2:20), 그래야만 다른 사람을 가르친 후 정작 자신은 버림당하는 불행을 방지할 수 있다(고전 9:27). 그런 삶을 사는 사람은 영적 깨달음을 얻고 하나님의 뜻을 분별하게 되며, 이로써 이 깨달음과 분별을 다른 이들에게 전달할 수 있게 된다(요 5:20; 고전 2:12-13; 고후 4:6-7). 그런 삶은 세상과 다른 삶이며(마 5:46; 눅 6:32), 이를 위해 여러 인격적 자질들이 요구되는 삶이다(딤전 3:1-7; 딛 1:6-9). 목사는 하나님을 영화롭게 해드리기 위해 본이 되는 삶을 사는 것을 목표로 삼아야 한다(딤전 4:12).

그러므로 교인들은 목사의 생활방식과 그의 믿음의 결말을 잘 주목해야 한다(히 13:7). 한편 많은 유혹에 노출되고 많은 대적들에 직면함으로 드러나는 목사의 연약함은 사랑으로 덮여야 한다(갈 4:13-14).

가르치는 자의 삶의 본은 양떼들을 위한 하나님의 은혜의 수단이다. 교인들은 이를 유념하고 목사의 삶의 본을 관찰하는 의무를 잘 수행함으로써, 유혹에서 건짐받고, 거룩과 열심과 온유와 자기 절제를 격려받게 된다.

숙고/토론을 위한 질문

1. 당신은 당신의 목사를 역할 모델로 삼는가? 당신은 목사의 삶을 공정하고 정직하게 살필 때 당신의 생활방식에서 어떠한 잘못을 발견할 수 있을까?

2. 만일 교회의 모든 멤버들이 목사의 강점을 본받는다면 당신의 교회는 어떤 식으로 달라지겠는가?

3. '목사의 연약성은 사랑으로 덮여야 한다.' 당신은 이렇게 하는가? 교회 전체로서 또는 교회 멤버 개인으로서 목사에게서 보이는 약점에 어떻게 대처하는 것이 최선일까?

4. 목사의 입장에서 생각해보라. 교회가 당신을 주목하고 있음을 의식할 때, 어떤 압박감과 스트레스를 경험하겠는가?

규칙 3

목사의 사역에 하나님의 도움이 함께하도록, 목사의 사역이 성공하도록, 목사를 위해 지속적으로 기도해야 한다.

- 엡 6:18-20 모든 기도와 간구를 하되 항상 성령 안에서 기도하고 이를 위하여 깨어 구하기를 항상 힘쓰며 여러 성도를 위하여 구하라 또 나를 위하여 구할 것은 내게 말씀을 주사 나로 입을 열어 복음의 비밀을 담대히 알리게 하옵소서 할 것이니 이 일을 위하여 내가 쇠사슬에 매인 사신이 된 것은 나로 이 일에 당연히 할 말을 담대히 하게 하려 하심이라

- 살후 3:1-2 끝으로 형제들아 너희는 우리를 위하여 기도하기를 주의 말씀이 너희 가운데서와 같이 퍼져 나가 영광스럽게 되고 또한 우리를 부당하고 악한 사람들에게서 건지시옵소서 하라(살전 5:25 참고)
- 골 4:3 또한 우리를 위하여 기도하라 하나님이 전도할 문을 우리에게 열어 주사 그리스도의 비밀을 말하게 하시기를 구하라(히 13:18 참고)
- 행 12:5 베드로는 옥에 갇혔고 교회는 그를 위하여 간절히 하나님께 기도하더라(히 13:17 참고)

설명 3

목회 사역의 중차대함(이 일을 위해 충분한 사람이 누구이겠는가? 고후 2:16), 이 사역에 대한 강력한 훼방의 존재(고전 16:9; 계 12:12; 딤후 4:3-5), 이 사역과 사람들의 영원한 운명 간의 깊은 연관성(행 20:26-28; 히 13:17; 딤전 4:16), 세상에 가해질 심판(겔 2:5; 고전 1:23-24; 고후 3:15-16), 그리스도 안에서 하나님의 영광을 높이고자 하는 이 사역의 목표와 취지 등에 대해 생각해보라. 이러한 모든 요소들을 놓고 생각해볼 때 성도들이 이 사역을 지원하기 위해 매일 열심히 간구해야 함을 알 수 있다. 성도들은 목사의 사역을 위한 조력과 격려와 능력과 성공과 구원과 보호를 위해 기도해야 한다. 목사들은 더 큰 유혹을 겪으므로 그들을 위한 더 많은 기도가 필요하다. 많은 저주가 그들에게 퍼부어지는데(렘 15:10), 소망이 있다면 그들을 위한 기도를 하나님이 들으신다는 것이다. 많은 사람들이 부끄러움도 없이 공개적으로 사역자들을 비난할 때, 우리 중 몇몇은 자신의 개인 기도 중에 사역자들을 위해 기도하지 않은 것을 부끄러워해야 할 것이다.

이 규칙을 위한 동기들은 다음과 같다.

1. 기도의 결과로 목사가 설교하는 능력을 얻게 되면 그 설교 말씀은 확실히 효력을 발휘할 것이다(행 10:1-6).
2. 사역자의 실패는 교인들에 대한 징벌이다(암 8:11-12; 사 30:20).
3 목사는 교회를 위해 끊임없이 기도한다(사 62:6-7; 롬 1:9-

10).

4. 목사를 위한 기도는 목사의 유익을 위한 것이 아니요, 성도들의 유익을 위함이다. 사역의 무거운 부담을 짊어지고 있는 사람을 기도로 도우라(엡 6:18-20; 빌 2:17; 골 1:24).

숙고/토론을 위한 질문

1. 모든 교회의 기도 모임에서 간구해야 할 것 중 하나는 그 교회의 목사에게 하나님의 축복이 부어지는 것과 세상 모든 사역자에게 하나님의 축복이 부어지는 것이다. 당신 교회의 기도 모임에서는 그렇게 행하고 있는가?

2. 신자들이 매일 드리는 기도에서도 마찬가지이다. 당신은 실제로 그런 기도를 하고 있는가?

3. 목사의 사역에서 드러나는 결함이 교회의 기도 결여 때문일 수 있다는 사실을 인정하는가?

규칙 4

목사에 대한 신자들의 존경과 복종은 목사가 맡고 있는 사역에 대한 존중에서 비롯되어야 한다.

- 고전 4:1 사람이 마땅히 우리를 그리스도의 일꾼이요 하나님의 비밀을 맡은 자로 여길지어다
- 살전 5:12-13 형제들아 우리가 너희에게 구하노니 너희 가운데서 수고하고 주 안에서 너희를 다스리며 권하는 자들을 너희가 알고 그들의 역사로 말미암아 사랑 안에서 가장 귀히 여기며 너희끼리 화목하라
- 딤전 5:17 잘 다스리는 장로들은 배나 존경할 자로 알

되 말씀과 가르침에 수고하는 이들에게는 더욱 그리할
것이니라

- 벧전 5:5 장로들에게 순종하고
- 히 13:17 너희를 인도하는 자들에게 순종하고 복종하
  라

설명 4

이 규칙에서 요구하는 존경은 정중한 예의 차원의 존
경이다. 그렇지만 그 동기는 신성하다. 목사를 영예롭게
대함으로써 교회는 자신의 은혜를 드러낸다. 그를 존경
하는 것은 그리스도 안에서 하나님이 받으시는 복음적
의무이다(딤전 5:17). 영예와 존경은 탁월함과 구별됨에 합
당한 것이다. 이것이 목사들에게 주어지는 이유는 그들
이 맡은 직분과 직함 때문이다. 그들은 '사자'(또는 '천사')(계
1:20; 히 12:22), '파수꾼'(겔 3:17), '감독(자)'(행 20:28; 딛 1:7), '사
신'(고후 5:20), '일꾼'(고전 4:1), '하나님의 사람'(삼상 2:27; 딤전
6:11), '인도자'(히 13:7,17), '빛'(마 5:14), '소금'(마 5:13), '아버
지'(고전 4:15), 또는 기타 여러 유사한 직함들로 불린다. 만

일 그들이 이 호칭들에 걸맞게 행함으로써 하나님을 영예롭게 하면, 하나님도 약속대로 그들을 영예롭게 하실 것이며, 하나님의 백성은 양심에 따라 그들의 사역에 대한 존중심 가운데 그들을 존경해야 한다. 그러나 만일 그들 중 어떤 사람이 타락한 천사나 추락한 별이나 게으른 감독이나 불충한 사신이나 주인에게 반역하는 일꾼이나 압제적인(또는 어리석은) 인도자나 눈먼 안내자나 맛을 잃은 소금이라면, 주님과 그분의 백성은 그런 사람을 혐오할 것이다.

1. 목사에 대한 이 같은 성경적인 존경은 실천적으로 어떻게 표현되는가?

2. 규칙 1의 질문 2와 일맥상통하는 질문인데, 목사의 사역과 직분으로 인해 '목사를 존경하는 것'과 그의 사역상의 신실함과 효율성에 대해 '객관적으로 평가하는 것' 사이에서 우리는 어떻게 균형을 유지할 수 있을까?

3. 목사에 대한 교회 멤버의 성경적 복종과 결부된 모든 것에 대해, 특히 그 내용과 한계에 대해 논의해보라.

규칙 5

교회는 목사와 그의 가족에게 필요한 물질적인 것들을, 교회의 형편과 여건에 적절한 수준에서 잘 공급하여 그들을 지원해야 한다.

- 딤전 5:17-18 잘 다스리는 장로들은 배나 존경할 자로 알되 말씀과 가르침에 수고하는 이들에게는 더욱 그리 할 것이니라 성경에 일렀으되 곡식을 밟아 떠는 소의 입에 망을 씌우지 말라 하였고 또 일꾼이 그 삯을 받는 것은 마땅하다 하였느니라
- 갈 6:6-7 가르침을 받는 자는 말씀을 가르치는 자와 모

든 좋은 것을 함께 하라 스스로 속이지 말라 하나님은 업신여김을 받지 아니하시나니 사람이 무엇으로 심든지 그대로 거두리라

- 고전 9:7,9-11,13-14 누가 자기 비용으로 군 복무를 하겠느냐 누가 포도를 심고 그 열매를 먹지 않겠느냐 누가 양 떼를 기르고 그 양 떼의 젖을 먹지 않겠느냐…모세의 율법에 곡식을 밟아 떠는 소에게 망을 씌우지 말라 기록하였으니 하나님께서 어찌 소들을 위하여 염려하심이냐 오로지 우리를 위하여 말씀하심이 아니냐 과연 우리를 위하여 기록된 것이니 밭가는 자는 소망을 가지고 갈며 곡식 떠는 자는 함께 얻을 소망을 가지고 떠는 것이라 우리가 너희에게 신령한 것을 뿌렸은즉 너희의 육적인 것을 거두기로 과하다 하겠느냐…성전의 일을 하는 이들은 성전에서 나는 것을 먹으며 제단에서 섬기는 이들은 제단과 함께 나누는 것을 너희가 알지 못하느냐 이와 같이 주께서도 복음 전하는 자들이 복음으로 말미암아 살리라 명하셨느니라
- 마 10:9-10 너희 전대에 금이나 은이나 동을 가지지

말고 여행을 위하여 배낭이나 두 벌 옷이나 신이나 지 팡이를 가지지 말라 이는 일꾼이 자기의 먹을 것 받는 것이 마땅함이라

설명 5

복음 시대의 교회에게는 "왕들은 네 양부가 되며 왕비 들은 네 유모가 될 것"(사 49:23)이라는 약속이 주어졌다. 이 땅의 교회들을 섬기는 사역자들에게 먹을 것과 입을 것을 제공할 우선적인 책임이 권세자들에게 있다. 교회는 이 약속의 열매를 여러 시대에 걸쳐 누려 왔다. 왕이나 기 타 최고 권력자들은 교회와 목사들에게 일정 부분의 재 산이나 특권을 부여하는 법령을 제정하였다. 오늘날에도 그런 제도가 시행되는 곳이 많이 있다. 그런 곳에서는, 공 정하고 의로운 법률에 따라 목사들에게 물질적 지원을 제공하고, 목사들은 복음 안에서 수고함으로써 영적 유익 을 제공한다. 하나님의 백성은 이것을 하나님의 섭리의 결과로 감사하게 받아들여야 한다. 주님은 제자들이 그들 의 설교를 듣는 자들로부터 지원을 받도록 허락하셨다(눅

10:8).

하지만 항상 그런 식인 것은 아니다. 그런 공적인 지원 제도가 무너질 수도 있다. 따라서 목사들의 물질적 필요를 공급할 책임은 대체로 교회들 자체에 부여된다. 교회는 자신의 재정 형편에 적절한 방식으로 이 일을 감당해야 한다. 일반적으로 각 교회가, 그리고 특별히는 각 멤버가 이 일을 할 책임을 진다.

이 규칙을 위한 동기들은 다음과 같다.

1. 위의 성경 본문들이 보여주듯, 이것은 하나님의 명령이다.
2. 이 일의 필요성. 만일 목사들이 생필품에 대해 염려하고 있다면 어떻게 '영적 군사로서 복무할' 수 있겠는가? 그들은 이 영적 사역에 온전히 헌신해야 한다(딤전 4:15). 물질적인 필요는 외부에서 공급받아야 한다.
3. 이 일의 공평성. 우리 주님과 그분의 사도들은 공평과 공의에 근거하여 그리고 여러 가지 세상의 법과 의의

규칙에 근거하여 이것을 주장했다(마 10:9-10; 고전 9:10).

일하는 자들에게 합당한 임금을 지불하지 않는 것은 원성을 사는 죄이다(약 5:4-5). 하나님의 섭리로 목사들에게 주어진, 물질적 지원을 받을 정당한 권리를 강탈하거나 그 가치를 격하시키는 것은 부패한 인간의 비열한 시도이다.

숙고/토론을 위한 질문

1. 교회의 사역을 지원하는 것이, 이상적으로는 정부의 의무라고 하는 존 오웬의 견해에 당신은 동의하는가? 이는 기독교 외의 다른 종교에게도 해당하겠는가?

2. '교회의 형편과 여건에 적절한 수준에서 물질적인 것들을 잘 공급'해야 한다고 말할 때 존 오웬이 의미한 것은 무엇일까? 교회는 어느 정도가 적절한 수준인지 어떻게 판별할 수 있을까?

규칙 6

교회는 시련과 핍박이 닥쳐도 목사를 외면하면 안 되며, 말씀으로 인해 시련과 핍박이 닥쳐도 목사를 충실하게 지지하면서 그의 곁에 머물러 있어야 한다.

- 딤후 4:16 내가 처음 변명할 때에 나와 함께 한 자가 하나도 없고 다 나를 버렸으나 그들에게 허물을 돌리지 않기를 원하노라
- 딤후 1:16-18 원하건대 주께서 오네시보로의 집에 긍휼을 베푸시옵소서 그가 나를 자주 격려해 주고 내가 사슬에 매인 것을 부끄러워하지 아니하고 로마에 있을

때에 나를 부지런히 찾아와 만났음이라 (원하건대 주께서 그로 하여금 그 날에 주의 긍휼을 입게 하여 주옵소서) 또 그가 에베소에서 많이 봉사한 것을 네가 잘 아느니라

설명 6

공동의 대의는 공동의 노력으로 실행되어야 한다. 모든 사람과 관계된 것은 모든 사람의 지지가 필요하다. 말씀 때문에 핍박이 일어날 때, 대체로 그것은 지도자들에게 먼저 임한다(벧전 4:17-18). 양떼를 흩어지게 하려면 목자를 치면 되기 때문이다(슥 13:7-8). 교회 지도자가 핍박을 당하는 것은 교회 때문이며(딤후 2:10; 골 1:24), 따라서 교회는 그의 짐을 나누어 지면서 그를 도와야 한다.

교회가 흩어질 때, 모든 책임이 목회자에게만 있는 것이 아니다. 시련이 닥칠 때 교인들이 목회자의 곁을 지키지 않은 것이다. 따라서 목회자만 탓해서는 안 된다. 위기 상황에 맞서 전진하던 지휘관이 자신과 함께하고 있을 부하들을 생각하면서 뒤돌아보았으나 부하들이 모두 달아났다면, 그 배신당한 지휘관은 적군의 수중에 떨어지지

않을 수 없게 된 것이다.

영국에서 실제로 그런 일이 많이 있었다. 목회자에게
핍박이 닥치자마자 교인들은 그 목자 대신에 기꺼이 다
른 사람을(아마도 늑대를) 받아들였다. 예를 들어 생각해보
자. 남편이 아내 때문에 어떤 난관에 봉착했는데 아내가
남편을 떠나야 하는가? 그런 상황에서 남편이나 아내의
의무는 분명하다. 그렇다면 영적인 일에 있어서 배신하는
자들의 죄가 더 사소하겠는가? 목회자가 진리를 위해 고
난당하고 있을 때 교회가 그를 보살피지 않거나 마땅한
의무를 이행하지 않는다면, 그들은 예수 그리스도의 규례
를 멸시하는 사악한 죄를 범하는 것이다. 목회자들은 그
들의 어깨에 놓인 짐을 개인적인 이유로 함부로 내려놓
지 못한다. 그러나 목회자에게 짐을 지운 사람들이 종종
아무 이유도 없이 목회자와 그의 사역을 저버리곤 한다.

1. 오늘날 목사가 말씀 때문에 지게 되는 짐이나 당하게 되는 시련이나 핍박들로는 어떤 것들이 있을까?

2. (ㄱ) 이런 짐의 존재를 인식하며 이에 민감할 수 있도록, 그리고 (ㄴ) 목사에게서 그 짐의 무게를 덜어줄 수 있도록 교회가 취해야 하는 실천적인 방안들은 무엇일까?

규칙 7

**신자들은 목사가 회중의 모임을 위해 지정한 때에 가족과
함께 모임에 참석하여야 한다.**

• 행 14:27 그들이 이르러 교회를 모아.

숙고/토론을 위한 질문

1. 존 오웬은 회중이 언제 그리고 얼마나 자주 함께 모일지
를 정하는 권한이 목사에게 있다고 믿었던 것이 분명하
다. 오늘날에는 교회 직분자들보다는 회중이 이것을 정
하는 경우가 많다. 이와 관련된 성경적인 원칙이 있는가?

이상 열거된 규칙들은 주님 안에서 세움을 받은 자들에 대한 교회의 의무 몇 가지를 열거한 것이다. 교회는 가능한 모든 방법으로 사역자들의 사역을 지원하고 격려해야 한다. 또한 "주 안에서 받은 직분을 삼가 이루라"(골4:17)고 말하면서 독려해야 한다.

　　목사에 대한 이들 일곱 가지 규칙들로부터 목사 외의 다른 교회 직분자들에 대해 적용할 수 있는 규칙들도 유추할 수 있을 것이다.

2부

다른
신자들과의
교제에 관한
규칙들
(규칙 1-15)

규칙 1

신자들은 범사에 다정하고 진지하고 진실되게 서로를 사랑으로 대할 의무가 있다. 그리스도께서 교회를 사랑하신 것처럼 우리도 서로를 사랑해야 한다.

- 요 15:12 내 계명은 곧 내가 너희를 사랑한 것 같이 너희도 서로 사랑하라 하는 이것이니라
- 요 13:34-35 새 계명을 너희에게 주노니 서로 사랑하라 내가 너희를 사랑한 것 같이 너희도 서로 사랑하라 너희가 서로 사랑하면 이로써 모든 사람이 너희가 내 제자인 줄 알리라

- 롬 13:8 피차 사랑의 빚 외에는 아무에게든지 아무 빚도 지지 말라 남을 사랑하는 자는 율법을 다 이루었느니라
- 엡 5:2 그리스도께서 너희를 사랑하신 것 같이 너희도 사랑 가운데서 행하라
- 살전 3:12 또 주께서 우리가 너희를 사랑함과 같이 너희도 피차간과 모든 사람에 대한 사랑이 더욱 많아 넘치게 하사
- 살전 4:9 너희들 자신이 하나님의 가르치심을 받아 서로 사랑함이라
- 벧전 1:22 너희가 진리를 순종함으로 너희 영혼을 깨끗하게 하여 거짓이 없이 형제를 사랑하기에 이르렀으니 마음으로 뜨겁게 서로 사랑하라
- 요일 4:21 우리가 이 계명을 주께 받았나니 하나님을 사랑하는 자는 또한 그 형제를 사랑할지니라
- 롬 12:10 형제를 사랑하여 서로 우애하고 존경하기를 서로 먼저 하며

설명 1

사랑은 하나님과 사람을 향한 모든 의무들의 원천(마 22:37-39)이다. 이것은 모든 규칙들의 기초이며, 교제 가운데 우리를 하나로 묶는 끈이며, 율법의 완성(롬 13:8-10)이다. 이를 통해 우리는 주 예수님의 영예를 드높이며 복음의 영광을 드러낸다. 전승에 따르면, 초기 그리스도인들은 그리스도로부터 받은 격언을 지니고 있었다. 그 격언은 다름 아니라 '사랑으로 형제를 볼 때 외에는 결코 기뻐하지 말라'는 것이었다고 한다. 그리고 불신자들은 '그리스도인들이 서로를 어떻게 사랑하는지 보라!'고 흔히들 말하곤 했다. 이는 그리스도인들이 형제를 위해 목숨을 버린다는 존엄한 규칙에 기꺼이 순종했기 때문이다. 이 사랑은 복음적 교제의 원천이자 규칙이며, 목적이자 목표이고, 열매이다.

주 예수님은 제자들 간의 뜨거운 사랑을 매우 강조하셨다. 예수님은 이에 대한 많은 교훈과 권면을 해주셨고 동기도 부여하여 주셨다. 무엇보다도 그분은 자신의 천상적인 본보기를 보여주셨다.

사랑의 원인, 본질, 대상, 열매, 효과, 성향, 탁월성, 이에 대한 찬사 등을 자세히 논하거나, 관련 성경 본문을 일일이 인용하는 것은 본서의 목적에 부합하지 않을 것이다. 다만 우리의 교제를 개혁하고 개선시키려는 목적이 서로 사랑하는 은혜의 능력과 실천의 회복이라면, 반드시 이것을 해내야 한다고 여기서 언급하고자 한다. 하지만 현재 상황을 보면, 안타깝게도, 그리스도인임을 자처하는 이들 안에 이러한 서로 사랑의 은혜가 상실되었다. 그래서 그리스도와 그분의 복음이 모욕받고 있다.

이 사랑은 성령께서 신자들의 심령 속에 역사하심으로 일어나는 영적 은혜이다(갈 5:22; 벧전 1:22). 이 사랑이 있으면 신자들의 심령은 하나님의 자녀들의 유익을 추구하게 된다(살전 2:8; 몬 5절; 엡 1:15; 히 13:1). 이 사랑이 있으면 우리 마음은 우리가 사랑하는 자들과 연합되며, 그들이 복 받는 것을 기뻐하게 된다.

이 규칙을 위한 동기들은 다음과 같다.

1. 이것은 하나님의 명령임. "사랑은 율법의 완성이니라"(렘 19:34; 마 19:19; 롬 13:8-10)라는 말씀에서 보여주듯 이것은 율법 전체의 본질임.

2. 특별히 신자들을 향한 하나님의 영원하고 신실한 구별적인 사랑과 그 안에 담긴 그분의 거룩한 목적(겔 16:8; 신 7:8; 33:3; 습 3:17; 롬 5:8; 엡 1:4).

3. 성육신하여 낮아지사 우리를 위해 자신의 생명을 내어 놓으신 데서 드러나는, 예수 그리스도의 형언할 수 없는 놀라운 사랑의 본보기(아 3:10; 요 15:13; 엡 5:2).

4. 구별하여 그리스도의 법이라고도 불리는, 사랑의 '새 계명'을 주셔서, 사랑하라는 기존의 옛 계명을 새롭게 하신 사실(요 13:34; 15:12; 살전 4:9; 요이 5절).

5. 서로 사랑해야 할 사람들의 신분과 상태. (ㄱ) 한 아버지의 자녀(말 2:10), (ㄴ) 한 몸의 지체(고전 12:12-13), (ㄷ) 동일한 소망에 참여한 자(엡 4:4), (ㄹ) 동일하게 세상으로부터 미움받는 대상(요일 3:3).

6. 이 은혜의 탁월성. (ㄱ) 그 자체에 있어, 그리고 그 신적인 본질에 있어 탁월함(골 2:2; 요일 4:7; 고전 13장), (ㄴ) 그

유용성에 있어 탁월함(잠 10:12; 15:17; 갈 5:13; 히 13:1), (ㄷ)
그 수용성에 있어 탁월함(엡 1:15-16; 시 5:11; 고전 13장).

7. 이것이 없으면 다른 의무들을 이행할 수 없음(고전 13:1-
3; 갈 5:6; 살전 1:3; 요일 4:20).

8. 사랑이 부족한 것은 큰 죄악임(마 24:12; 요일 3:14-15).

이러한 형제 사랑, 곧 교제의 결속은 이후의 모든 규칙
들 가운데 드러나고 역사한다.

숙고/토론을 위한 질문

1. 존 오웬은 당시에 그리스도인임을 자처하는 이들 가운데 안타깝게도 '서로 사랑'의 은혜가 상실되었고 그래서 그리스도와 그의 복음을 욕되게 한다고 믿었다. 오늘날에는 어떠한가?

2. '다른 모든 신자들을 좋아할 필요는 없지만 그들을 사랑해야 한다'라는 말이 가끔 들린다. 이 말은 타당한가?

3. 반드시 필요한 서로 사랑의 은혜에 있어 우리가 연약하다면, 우리는 어떤 방법을 통해 이 사랑을 회복할 수 있을까?

4. 요한복음 13장 35절에 비추어, 형제 간에 서로 사랑하는 모습이 불신자들에게 확연히 드러나는 것과 그들에 대한 효과적인 복음전도 사이의 관련성에 대해 토론해 보라. 당신은 이런 형태의 기독교적 증언이 효과적임을 경험해본 적이 있는가?

규칙 2

신자들은 하나님의 보호 아래 교회가 번영하도록 지속적으로 기도해야 한다.

- 시 122:6 예루살렘을 위하여 평안을 구하라 예루살렘을 사랑하는 자는 형통하리로다
- 빌 1:4-5 간구할 때마다 너희 무리를 위하여 기쁨으로 항상 간구함은 너희가 첫날부터 이제까지 복음을 위한 일에 참여하고 있기 때문이라
- 롬 1:9 항상 내 기도에 쉬지 않고 너희를 말하며
- 행 12:5 베드로는 옥에 갇혔고 교회는 그를 위하여 간

절히 하나님께 기도하더라

- 사 62:6-7 너희 여호와를 기억하시게 하는 자들아 너희는 쉬지 말며 또 여호와께서 예루살렘을 세워 세상에서 찬송을 받게 하시기까지 그로 쉬지 못하시게 하라

- 엡 6:18 모든 기도와 간구를 하되 항상 성령 안에서 기도하고 이를 위하여 깨어 구하기를 항상 힘쓰며 여러 성도를 위하여 구하라

- 골 4:12 그리스도 예수의 종인 너희에게서 온 에바브라가 너희에게 문안하느니라 그가 항상 너희를 위하여 애써 기도하여 너희로 하나님의 모든 뜻 가운데서 완전하고 확신 있게 서기를 구하나니

설명 2

기도는 전능자를 설득하는 위대한 방편인 동시에(사 45:11), 자기 자신(시 61:2)과 다른 이들(행 12:5)을 위한 가장 확실한 피난처이다. 가장 가난한 신자도 이를 통해 유익을 얻을 수 있고, 가장 강력한 권력자도 이를 거부할 힘이

없다. 우리의 심령은 이 잘 다져진 길을 통해 하나님과 교류한다. 더욱이 성도는 기도와 관련된 많은 은혜로운 약속(슥 12:10; 롬 8:26), 실행수칙(마 7:7; 살전 5:17; 딤전 2:8), 격려(약 1:5; 눅 11:9), 응답 약속(마 21:22; 요 16:24) 등을 지니고 있다. 주님은 이런 여러 가지 방법으로 자신이 백성들의 기도의 제사를 기뻐하심을 증언하셨다.

신자들은, 사망에 이르는 죄를 범한 사람들 외의(요일 5:16) 모든 부류의 사람들을 위해(딤전 2:1-2) 기도해야 한다. 심지어 핍박자들과(마 5:44) 자신들을 사로잡아간 사람들을 위해서도(렘 29:7) 기도해야 하며, 특히 모든 성도를 위해(빌 1:4) 기도해야 하며, 더욱 특별하게는 함께 교제하는 성도들을 위해(골 4:12) 기도해야 한다.

여호와께서는 "온 시온 산과 모든 집회 위에 낮이면 구름과 연기, 밤이면 화염의 빛"이 있을 것을 약속하셨다(사 4:5). 이 일이 이루어지도록 기도하는 것이 모든 성도의 의무이다. 교회를 보호해주시도록 지속적으로 기도하지 않는 사람은 교회의 특권을 누릴 자격이 없다. 그러므로 교회의 유익과 번영과 형통과 평안과 확장과 건덕과 보호를 위한 기도는 모든 교회 멤버들에게 요구되는 중요한 의무이다.

이 규칙을 위한 동기들은 다음과 같다.

1. 하나님의 규례에 대한 존중.
2. 하나님의 영광을 위한 관심.
3. 예수 그리스도의 영예.
4. 우리 자신의 혜택과 영적 유익.
5. 명령의 직접성.

규칙 3

신자들은 규례들의 순수성을 지키기 위해, 회중의 영예
와 자유와 특권을 지키기 위해, 그리고 온갖 대적들에
직면한 사람들을 돕기 위해, 모든 적법한 방법을 사용하
여 행동으로 그리고 고난을 불사하면서 단호히 분투하
며 싸워야 한다.

- 유 3절 성도에게 단번에 주신 믿음의 도를 위하여 힘써
  싸우라는 편지로 너희를 권하여야 할 필요를 느꼈노니
- 히 12:3-4 너희가 피곤하여 낙심하지 않기 위하여 죄
  인들이 이같이 자기에게 거역한 일을 참으신 이를 생

각하라 너희가 죄와 싸우되 아직 피흘리기까지는 대항
하지 아니하고

- 요일 3:16 그가 우리를 위하여 목숨을 버리셨으니 우리
가 이로써 사랑을 알고 우리도 형제들을 위하여 목숨
을 버리는 것이 마땅하니라

- 갈 5:1,13 그리스도께서 우리를 자유롭게 하려고 자유
를 주셨으니 그러므로 굳건하게 서서 다시는 종의 멍
에를 메지 말라 형제들아 너희가 자유를 위하여 부르
심을 입었으나

- 고전 7:23 너희는 값으로 사신 것이니 사람들의 종이
되지 말라

- 아 6:4 내 사랑아 너는 디르사 같이 어여쁘고⋯깃발을
세운 군대 같이 당당하구나

- 벧전 3:15 너희 마음에 그리스도를 주로 삼아 거룩하게
하고 너희 속에 있는 소망에 관한 이유를 묻는 자에게
는 대답할 것을 항상 준비하되 온유와 두려움으로 하
고

설명 3

두 번째 규칙은 교회를 위해 우리가 하나님을 어떻게 대할 것인지에 관한 내용이었다. 세 번째 규칙은 사람들을 대하는 것과 관련된다. 이 규칙을 올바로 지키기 위해서는 다음과 같은 것들이 요구된다.

1. 우리가 어떻게 예배해야 하며 어떻게 살아야 하는지에 대한 하나님의 뜻을 배우기 위해, 간절히 기도하면서 말씀을 부지런히 공부해야 한다. 그런 배움이 있어야 겸손한 문의자들에게 적절한 설명을 해줄 수 있고 완고한 대적들의 입을 막을 수 있다. 또한 지식이 있어야 우리가 누리는 규례들의 가치에 대해 제대로 인식할 수 있다. 자신이 무엇을 위해 싸우는지도 모르면서 승리를 위해 분투할 사람은 없다. 규례들이 소중하다는 것을 인식해야 그것들을 지키기 위해 분투할 수 있다.

2. 교회에 대한 모든 비판과 가해는 사실상 그리스도와 그의 백성들에 대한 비판과 가해이다. 대적자들이 그

리스도의 종들과 그리스도의 방식을 공격하는 것은, 결국은 그리스도를 공격하는 것이다. 만일 우리가 그분에게 속해 있다면, 비록 직접 공격받지 않더라도 우리는 그 고통을 느낀다. 모든 비방과 비난이 우리 위에 떨어지는 것과 방불하다.

3. 모든 거짓 비판과 거짓 주장들에 대항하여 우리는 교회를 옹호해야 한다. 누가 자신의 부모에게 가해지는 거짓된 비난을 가만히 듣고만 있겠는가? 마찬가지로, 우리는 교회에 가해지는 모든 거짓된 비판에 대항해야 한다. 교회는 우리를 그리스도께 낳아드리는 천상의 어머니이다.

4. 어떤 이름을 내세우든 말씀에 반하여 교회를 장악하고 이를 통해 그리스도께서 마련해주신 교회의 자유와 특권을 빼앗으려 하는 자들은 복음에 입각하여 공동으로 반대해야 한다. 우리를 예속시키려는 자들에게 한 순간도 복종해서는 안 된다.

숙고/토론을 위한 질문

1. 신자들 개인과 교회 전체에 대한, 오늘날의 '대적들'은 누구인가(무엇인가)?

2. 우리가 믿음의 싸움을 싸울 때 경계해야 하는 위험들은 무엇인가?

3. 고린도후서 10장 4-6절과 로마서 12장 18절의 가르침은 영적 전투 의무에 대해 어떤 빛을 비추는가?

4. 설명 1에서, 존 오웬은 참된 예배 유지를 위해 분투해야 한다고 말한다. 우리가 지켜야 할 본질적 예배 원칙들은 무엇인가?

규칙 4

신자들은 연합을 유지하기 위해 부단히 서로 배려하며 노력해야 한다.

- 빌 2:1-3 그러므로 그리스도 안에 무슨 권면이나 사랑의 무슨 위로나 성령의 무슨 교제나 긍휼이나 자비가 있거든 마음을 같이하여 같은 사랑을 가지고 뜻을 합하며 한마음을 품어 아무 일에든지 다툼이나 허영으로 하지 말고 오직 겸손한 마음으로 각각 자기보다 남을 낮게 여기고
- 엡 4:3-6 평안의 매는 줄로 성령이 하나 되게 하신 것

을 힘써 지키라 몸이 하나요 성령도 한 분이시니 이와 같이 너희가 부르심의 한 소망 안에서 부르심을 받았느니라 주도 한 분이시요 믿음도 하나요 세례도 하나요. 하나님도 한 분이시니 곧 만유의 아버지시라 만유 위에 계시고 만유를 통일하시고 만유 가운데 계시도다

- 고전 1:10 형제들아 내가 우리 주 예수 그리스도의 이름으로 너희를 권하노니 모두가 같은 말을 하고 너희 가운데 분쟁이 없이 같은 마음과 같은 뜻으로 온전히 합하라

- 고후 13:11 온전하게 되며 위로를 받으며 마음을 같이하며 평안할지어다. 또 사랑과 평강의 하나님이 너희와 함께 계시리라

- 롬 14:19 그러므로 우리가 화평의 일과 서로 덕을 세우는 일을 힘쓰나니

- 롬 15:5-6 이제 인내와 위로의 하나님이 너희로 그리스도 예수를 본받아 서로 뜻이 같게 하여 주사 한마음과 한 입으로 하나님 곧 우리 주 예수 그리스도의 아버지께 영광을 돌리게 하려 하노라

- 고전 6:5-7 내가 너희를 부끄럽게 하려 하여 이 말을 하노니 너희 가운데 그 형제간의 일을 판단할 만한 지혜 있는 자가 이같이 하나도 없느냐 형제가 형제와 더불어 고발할 뿐더러 믿지 아니하는 자들 앞에서 하느냐 너희가 피차 고발함으로 너희 가운데 이미 뚜렷한 허물이 있나니
- 행 4:32 믿는 무리가 한마음과 한 뜻이 되어

설명 4

연합은 사랑의 주요 목표이자 열매이다. 성경에는 그리스도인의 여러 의무들이 등장하지만 이 연합의 의무보다 더 강조되는 것은 없다. 여기서 말하는 성도의 연합은 다음과 같은 삼중적 연합을 의미한다.

첫째, **영적인 연합**이다. 이것은 한 은혜의 성령에 참여하여, 만유의 머리이신 그리스도와 교제하는 연합이다. 우리는 세상의 모든 성도와 함께, 그들의 상태가 어떠하든, 영적으로 연합한다. 심지어 세상을 떠나 현재 아브라함, 이삭, 야곱과 함께 천국에 앉아 있는 사람들과도 영적

으로 연합한다.

둘째, **교회적인 연합**이다. 이 연합은 복음 안에 지정된 규례들에 함께 참여하는 연합이다. 이것은 영적인 연합에서 비롯되며, 영적인 연합의 열매이자 가지이다. 이 연합은 분파, 분열, 불화, 의심, 독자적 관습에 반대하며, 영적인 일들에 대한 불필요한 이견에 반대한다. 기타 유대감을 파괴하는 모든 것에 반대하며, 연합된 마음을 파괴하는 모든 것에 반대하며, 동의된 신앙고백을 승인하지 않으려는 분파적인 모든 것에 반대하며, 성경적 규칙에 따른 실천을 파괴하는 모든 것에 반대한다. 교회는 이 연합을 열렬히 추구해야 한다. 그리스도의 영광, 복음의 영예, 성도의 기쁨과 면류관을 위하여, 교회는 이러한 연합을 명하고 간절히 추구해야 한다.

셋째, **시민적 연합**이다. 이것은 이생의 것들에 대해 불화하지 않는 것이다. 이생의 것들을 추구하거나 그와 관련된 사안을 놓고 싸우지 않고, 모두가 다른 사람의 복지를 추구해야 한다. 형제들끼리 싸우는 건 적절하지 않다. 함께 세상을 판단할 사람들이 왜 이생의 일들을 놓고 서로 싸워야 하는가?

이 규칙을 위한 동기들은 다음과 같다.

1. 그리스도와 사도들의 기도와 가르침에는 신자들의 연합에 대한 열정이 각별히 드러나 있음을 생각하라.
2. 이 의무를 무시할 때 발생하는, 주 예수님에게 가해지는 모욕, 복음에 대한 악평, 교회의 몰락, 성도들의 수치와 슬픔(갈 5:15)에 대해 생각하라.
3. 연합을 유지할 때 나타나는 은혜로운 결과들과 감미로운 천상적인 위안들에 대해 생각하라.
4. 그리스도의 몸을 분열시키는 죄 때문에 발생하는 여러 가지 두려운 재앙들에 대해 생각하라.
5. 연합이 결여될 때 종종 일어나는, 규례들에 대한 서글픈 멸시와 남용에 대해 생각하라.

이 의무를 완수하기 위해 우리는 다음과 같이 해야 한다.

1. 규칙 1에서 요구하는 따뜻한 사랑으로 철저히 무장하기 위해, 기도와 믿음으로 노력해야 한다.

2. 댐을 무너뜨리는 결과로 이어질 수 있는 처음에 새는 물과 같은, 분쟁의 시작을 알리는 처음 표시들을 포착하기 위해 자신과 주변 사람들을 주의 깊게 살펴야 한다.

3. 어떠한 분열의 기미든지 이를 발견하면 즉시 제거하기 위해 주의 깊게 대처해야 하며, 그러지 못했을 경우에는 즉시 교회와 상의해야 한다.

4. 예수 그리스도를 닮기 위해 노력함으로써, 모든 분열의 뿌리를 매일 타파해야 한다.

숙고/토론을 위한 질문

1. 당신의 교회는 '한 마음과 한 뜻'인가(행 4:32)? 아니라면 당신이 그 원인 제공자 중 하나인가? 문제를 개선하기 위해 당신이 할 수 있는 일은 무엇인가?

2. 오늘날 복음주의 교회는 '분열'로 악명이 높다. 우리는 이것을 '주 예수님에게 가해지는 모욕, 복음에 대한 악평, 교회의 몰락, 성도들의 수치와 슬픔'으로 여기는가, 아니면 그저 감내할 위험 정도로 여기는가?

2. 교회 '분열'의 원인들로는 어떤 것들이 있나? 어떻게 하면 그것들을 피할 수 있는가?

4. 교회 멤버들 사이의 법률적 이견이나 시민적 이견을 판정하는 임무가 교회에 맡겨진 경우를 본 적 있는가? 그런 일이 드문 것은 교회 직분자들에게 문제 해결 능력이 없음을 가리키는가, 아니면 멤버들이 교회의 결정에 복종하길 꺼려함을 가리키는가?

규칙 5

신자들은 온갖 거짓된 숭배방식에 빠져 있는 세상 사람들에 동화되면 안되며 그들로부터 분리되어 떨어져 나와 있어야 한다. 이를 통해 신자들은 세상 사람들과는 다른 부류의 사람들로 보여져야 한다.

- 민 23:9 이 백성은 홀로 살 것이라 그를 여러 민족 중의 하나로 여기지 않으리로다
- 요 15:19 너희는 세상에 속한 자가 아니요 도리어 내가 너희를 세상에서 택하였기 때문에 세상이 너희를 미워하느니라

- 고후 6:14-18 너희는 믿지 않는 자와 멍에를 함께 메지 말라 의와 불법이 어찌 함께 하며 빛과 어둠이 어찌 사귀며 그리스도와 벨리알이 어찌 조화되며 믿는 자와 믿지 않는 자가 어찌 상관하며 하나님의 성전과 우상이 어찌 일치가 되리요 우리는 살아 계신 하나님의 성전이라 이와 같이 하나님께서 이르시되 내가 그들 가운데 거하며 두루 행하여 나는 그들의 하나님이 되고 그들은 나의 백성이 되리라 그러므로 너희는 그들 중에서 나와서 따로 있고 부정한 것을 만지지 말라 내가 너희를 영접하여 너희에게 아버지가 되고 너희는 내게 자녀가 되리라 전능하신 주의 말씀이니라 하셨느니라
- 엡 5:8,11 빛의 자녀들처럼 행하라…너희는 열매 없는 어둠의 일에 참여하지 말고 도리어 책망하라
- 딤후 3:5 경건의 모양은 있으나 경건의 능력은 부인하니 이같은 자들에게서 네가 돌아서라
- 호 4:15 이스라엘아 너는 음행하여도 유다는 죄를 범하지 못하게 할 것이라 너희는 길갈로 가지 말며 벧아웬으로 올라가지 말며

- 계 18:4 내 백성아 거기서 나와 그의 죄에 참여하지 말고 그가 받을 재앙들을 받지 말라
- 잠 14:7 너는 미련한 자의 앞을 떠나라 그 입술에 지식 있음을 보지 못함이니라

설명 5

세상은 자신에게서 분리되는 사람들을 별로 달가워하지 않지만, 하나님은 그런 분리를 귀하게 여기신다. 세상과 그들의 거짓 숭배에서 분리되지 않으려 하는 사람은 그리스도에게서 자신을 분리하려고 하는 셈이다.

여기서 명하는 세상에서의 분리는, 친인척이나 동료들을 향한 자연적 애정에 따른 결속이나 이웃의 유익을 고려하는 영적 배려의 결속(롬 9:3) 또는 사회적 관계의 적절한 형성(고전 5:10; 살전 4:12) 등을 배제하는 것이 아니다. 세상 사람들의 유익과 번영을 구하는 것(딤후 2:1-2), 그들에게 선한 일을 행하는 것(갈 6:10), 그들과 함께 조화롭고 평화롭게 사는 것(롬 12:18) 등을 배제하는 것도 물론 아니다. 전혀 그렇지 않다. 오히려 그 분리는 다음과 같은 성질을

갖는다.

1. 우리가 행하는 길이 그들의 길과 달라야 한다(롬 12:2: 엡 4:17-20).

2. 복음에 대한 적의와 반대가 있는 상황에서도 우리의 대화와 행동에는 기쁨과 고결함이 깃들어야 한다(엡 5:3-4,6-8,10-11).

3. 예배의 방식과 교제의 행동(계 18:4)에 있어 우리는 세 상적 종교의 우상숭배적인 과도한 행위들에 어떤 식으 로든 결부되지 않아야 한다(편집주: 여기서 세상적 종교란 로 마 가톨릭을 지칭하는 것으로 보임).

이들 세 가지 명령은 매우 직접적이다. 이 외에도 하나 님의 뜻을 전하는 유사한 지시사항들이 있는데 그 지시 사항들도 매우 직접적이다. 이 지시사항들에 우리는 반 드시 순종해야 한다. 우리의 영적 유익과 형통을 위해 반 드시 그렇게 해야 한다. 참된 성경적 기반 위에 설립된 교 회로부터 적절한 이유도 없이 분리되는 것은(비록 사소한 문제들로 의견 차이를 보일 수는 있겠지만) 결코 작은 죄가 아니지만, 죄악된 관행과 난잡한 방식 그리고 거짓되며 부당한 예배 방식으로부터 분리되는 것은 사람들의 죄악에 동참하지 말라는 성경의 명령을 실천하는 선한 일이다. 의심스럽고 고집불통인 사람들과 친교를 나누면서 그들과 함께 모이고 그들과의 대화를 기뻐하는 것은 그리스도께 헌신되지 않은 마음 상태를 드러낸다.

이 규칙을 위한 동기들은 다음과 같다.

1. 이것은 하나님의 명령이다.
2. 죄와 징벌로부터 우리 자신을 보호해야 한다. 다른 사람들의 역병에 감염되어서는 안 된다.
3. 그리스도는 자신의 규례의 순수성을 기뻐하신다.
4. 그리스도는 자신의 성도를 구별된 사랑으로 사랑하신다.

반드시 명심해야 할 사항은, 이 규칙에 순종한답시고

다른 사람을 불필요하게 불쾌하게 해서는 안 된다는 것이다.

숙고/토론을 위한 질문

1. 우리는 세상에 있으나 세상에 속해선 안 된다(요 17:14-16). 세상에서 신자는 반대되는 두 극단 사이에 놓인 좁은 길을 걸어야 한다. 한편으로는 세상으로부터 충분히 분리되지 못함으로 다른 한편으로는 지나치게 분리됨으로 이 규칙을 지키지 못하는 여러 상황들에 대해 논의해보라. 그 논의는 (ㄱ) 사회적 관계에서의 실패와 (ㄴ) 예배에 있어서의 실패에 별도로 초점을 맞추어볼 수도 있다.

2. 신실한 신자들도 적법한 것과 적법하지 않은 것에 대해 각기 다른 결론을 내릴 수 있다. 성경은 "각각 자기 마음으로 확정할지니라…믿음을 따라 하지 아니하는 것은 다 죄니라"(롬 14:5,23)라고 말한다. 우리 자신의 기준이 세상적이지 않고 성경적임을 어떻게 확신할 수 있을까?

3. 오늘날의 각종 교회 모임들과 활동들은 상상할 수 있는 온갖 예배 방식들을 엿보게 한다. 당신의 교회의 예배는 앞에서 언급된 것들과 같은 성경적인 지침들에 따른 것인가, 아니면 그런 지침들을 고려하지 않은 것인가?

4. 과거에나 현재에나, 서로 다른 기독교 그룹들은 서로를 '율법주의적'이니 '도덕률폐기론적(반율법주의적)'이니 하는 표현들로 비난해 왔다. 이들 두 용어들이 실제로 의미하는 바는 무엇인가? 당신의 생각에, (ㄱ) 우리의 사회적 관계와 (ㄴ) 우리의 예배에서 율법주의적이거나 도덕률폐기론적인 관행들은 무엇인가?

규칙 6

신자들은 자신에게 주어진 은사의 분량에 따라 건덕을 위한 영적 대화를 자주 나누어야 한다.

- 말 3:16 그 때에 여호와를 경외하는 자들이 피차에 말하매 여호와께서 그것을 분명히 들으시고 여호와를 경외하는 자와 그 이름을 존중히 여기는 자를 위하여 여호와 앞에 있는 기념책에 기록하셨느니라
- 욥 2:11 그 때에 욥의 친구 세 사람이 이 모든 재앙이 그에게 내렸다 함을 듣고 각각 자기 지역에서부터 이르렀으니 곧 데만 사람 엘리바스와 수아 사람 빌닷과

나아마 사람 소발이라 그들이 욥을 위문하고 위로하려 하여 서로 약속하고 오더니

- 엡 4:29 무릇 더러운 말은 너희 입 밖에도 내지 말고 오직 덕을 세우는 데 소용되는 대로 선한 말을 하여 듣는 자들에게 은혜를 끼치게 하라

- 골 4:6 너희 말을 항상 은혜 가운데서 소금으로 맛을 냄과 같이 하라 그리하면 각 사람에게 마땅히 대답할 것을 알리라

- 엡 5:4 누추함과 어리석은 말이나 희롱의 말이 마땅치 아니하니 오히려 감사하는 말을 하라

- 살전 5:11 그러므로 피차 권면하고 서로 덕을 세우기를 너희가 하는 것 같이 하라

- 히 3:13 오직 오늘이라 일컫는 동안에 매일 피차 권면하여 너희 중에 누구든지 죄의 유혹으로 완고하게 되지 않도록 하라

- 유 20절 사랑하는 자들아 너희는 너희의 지극히 거룩한 믿음 위에 자신을 세우며 성령으로 기도하며

- 히 10:24-25 서로 돌아보아 사랑과 선행을 격려하며

모이기를 폐하는 어떤 사람들의 습관과 같이 하지 말고 오직 권하여 그 날이 가까움을 볼수록 더욱 그리하자

• 행 18:26 그가 회당에서 담대히 말하기 시작하거늘 브리스길라와 아굴라가 듣고 데려다가 하나님의 도를 더 정확하게 풀어 이르더라

• 고전 12:7 각 사람에게 성령을 나타내심은 유익하게 하려 하심이라

설명 6

공적 사역의 직무로 엄숙히 부르심받아 구별되지 않은 사람들도 가르치는 은사를 지닐 수 있다는 점을 앞에서 언급하였다. 교회는 정해진 규칙과 관행에 따라 질서 있게 그런 은사들을 잘 활용해야 한다. 그렇지 않으면, 잘 활용하여 유익을 얻도록 주어진 달란트가 사장될 것이다. 누구든지 자기 가족의 문화에 기여하고 가족의 지식을 더하기 위해 총력을 다해야 한다는 데에는 이론의 여지가 없을 것이다. 하나님의 가족인 교회 안에서도 당연히

그렇게 해야 한다.

앞에서 열거한 성경 구절들이 이 점을 보여준다. 이 성
경 구절들은 성경 말씀으로 서로 가르치고 권면하고 격
려하는 은사들에 대해 특히 언급한다. 신자들은 이러한
상호 건덕의 의무를 잘 수행해야 한다.

1. **일상적으로**(엡 4:29; 5:3~4; 히 3:13). 신자들은 매일 일상적
   으로 유익한 대화를 주고받으면서 지속적으로 주님에
   대해 말해야 하며, 자신에게 주어진 기회를 어리석고
   가볍고 천박한 말로 허비하면 안 된다.
2. **특별한 경우에**(눅 24:14; 말 3:16). 하나님의 섭리 가운데
   교회에 중요한 상황이 발생하면, 신자들은 자신의 영
   적 유익을 위해서라도 그 상황에 대해 의논함이 마땅
   하다.
3. **가르침과 기도를 위한 특별한 모임에서**(행 10:24; 12:12;
   욥 2:11; 엡 5:19; 약 5:16; 유 20; 살전 5:14). 교회에 지식과 사
   랑과 경험을 더하고 은사들을 증진시키기 위해 행해
   지는 특별한 교회 모임이 있을 수 있다. 그러한 모임을

통해 우리는 하나님의 성막 건설에 기여하게 된다.

그러므로 모든 무익한 말을 삼가자. 시간은 짧고 세상은 악하다. 우리 주 예수 그리스도를 아는 지식에서 자라며 서로에게 선을 행할 기회들을 예전에 이미 많이 놓쳤음을 안타까워하자. 얼마 남지 않은 날들을 이제 우리를 위해 죽으신 분을 위해 살자. 이 세상이나 세상 사람들을 본받지 말자.

숙고/토론을 위한 질문

1. 존 오웬은 그리스도인들이 별로 중요하지 않은 관심 거리들에 대한 사소한 얘기를 나누는 것을 금지하고 있는가?

2. 영적 대화를 하지 못하게 방해하는 우리 마음속의 동기로는 어떤 것들이 있는가?

3. 어떻게 하면 이 장애요소를 극복할 수 있을까?

규칙 7

신자들은 모든 온유와 인내와 긍휼 가운데 행하면서 기꺼이 서로 돕고 서로의 약점과 실패를 짊어져야 한다.

- 엡 4:32 서로 친절하게 하며 불쌍히 여기며 서로 용서하기를 하나님이 그리스도 안에서 너희를 용서하심과 같이 하라
- 마 18:21-22 그 때에 베드로가 나아와 이르되 주여 형제가 내게 죄를 범하면 몇 번이나 용서하여 주리이까 일곱 번까지 하오리이까 예수께서 이르시되 네게 이르노니 일곱 번뿐 아니라 일곱 번을 일흔 번까지라도 할

지니라

- 막 11:25-26 서서 기도할 때에 아무에게나 혐의가 있 거든 용서하라 그리하여야 하늘에 계신 너희 아버지께 서도 너희 허물을 사하여 주시리라 하시니라 만일 너 희가 용서하지 아니하면 하늘에 계신 너희 아버지도 너희 허물을 사하지 아니하시리라

- 롬 14:13 그런즉 우리가 다시는 서로 비판하지 말고 도 리어 부딪칠 것이나 거칠 것을 형제 앞에 두지 아니하 도록 주의하라

- 롬 15:1-2 믿음이 강한 우리는 마땅히 믿음이 약한 자 의 약점을 담당하고 자기를 기쁘게 하지 아니할 것이 라 우리 각 사람이 이웃을 기쁘게 하되 선을 이루고 덕 을 세우도록 할지니라

- 고전 13:4-7 사랑은 오래 참고 사랑은 온유하며 시기 하지 아니하며 사랑은 자랑하지 아니하며 교만하지 아 니하며 무례히 행하지 아니하며 자기의 유익을 구하지 아니하며 성내지 아니하며 악한 것을 생각하지 아니 하며 불의를 기뻐하지 아니하며 진리와 함께 기뻐하고

모든 것을 참으며 모든 것을 믿으며 모든 것을 바라며 모든 것을 견디느니라

- 갈 6:1 형제들아 사람이 만일 무슨 범죄한 일이 드러나 거든 신령한 너희는 온유한 심령으로 그러한 자를 바로잡고 너 자신을 살펴보아 너도 시험을 받을까 두려워하라

- 골 3:12-14 그러므로 너희는 하나님이 택하사 거룩하고 사랑 받는 자처럼 긍휼과 자비와 겸손과 온유와 오래 참음을 옷 입고 누가 누구에게 불만이 있거든 서로 용납하여 피차 용서하되 주께서 너희를 용서하신 것 같이 너희도 그리하고 이 모든 것 위에 사랑을 더하라 이는 온전하게 매는 띠니라

설명 7

"일을 숨기는 것은 하나님의 영화요"(잠 25:2), 값없는 용서는 복음의 본질이다. 완전하신 하나님이 그런 값없는 용서를 베푸신다(사 55장). 그러한 용서를 우리에게 베푸심은 우리로 하여금 본받게 하려 하심이다(마 18:23-25). 우리

는 육체 가운데 거하는 동안에는 모든 면에서 불완전하다. 죄와 실패에서 완전히 벗어나는 것은 영화될 때 일어날 일이다. 현재 우리는 거울을 통해 보듯이 희미하게 본다. 부분적으로 알 뿐이다. 우리 모두는 여러 면에서 넘어진다. 자신이 얼마나 자주 넘어질지를 누가 알겠는가? 서로의 실패를 참고 잘못을 용서하며 사랑 가운데 서로의 약한 부분을 지원하는 것은 몇 데나리온에 해당한다. 이런 작은 용서를 통해 우리는 우리를 용서하신 그 큰 은혜, 우리가 탕감받은 그 엄청난 달란트를 상기하게 된다. 죄 없는 자가 돌을 던지라.

어떤 이들은 다른 사람들의 실패를 보고 기뻐한다. 이렇게 악의적인 이들은 그런 죄악된 기쁨 안에서, 그들이 비판하는 형제들보다 더 크게 실패한다. 어떤 이들은 다른 사람들의 약점과 연약함에 대해 화를 낸다. 그들은 자신도 육체 가운데 있음을 고려하지 않고서, 자만하며 우쭐해 한다. 어떤 이들은 다른 사람들의 나약함을 계속 곱씹는 것을 즐긴다. 그들은 자신의 연약함에 대해 동정받을 자격이 없다.

일곱 차례 해를 당하고서 참을 수 있는 사람이 누구이 겠는가? 베드로는 일곱 번이 너무 많다고 생각했다. 어떤 이들은 용서보다는 보복을 생각한다. 어떤 이들은 용서하는 체하지만, 해를 당할 때마다 악감정이 되살아나서 교제로 나아가지 못한다. 어떤 이들은 부드러운 표정으로 험한 마음을 감출 것이다. 그들은 전혀 복음의 기미도 없다. 그리스도는 전혀 그런 식으로 하지 않으셨다. 온유, 인내, 용납과 용서, 감추어 줌, 덮어 줌 등이 그리스도의 발자취이다.

당신의 형제가 실패하는 모습이 보이는가? 그를 긍휼히 여기라. 그가 계속 실패하고 있는가? 그를 위해 간절히 기도하라. 그에게 경고하라. 만일 당신이 화를 내고 귀찮아하며 그를 멀리한다면 당신은 그를 돕지 않고 그의 죄악을 방조하는 셈이다. 만일 당신이 원인을 제공할 때마다 하나님이 화를 내신다면 어떻게 되겠는가? 만일 당신이 하나님의 화를 돋울 때마다 그분이 당신을 치신다면 어떻게 되겠는가? 형제가 당신을 성나게 할 때, 당신을 향하신 하나님의 인내와 관용을 되새기면서 반응을 자제하고, '가서 너도 이와 같이 하라'고 하시는 그분의 명령을 생각하라. 서로를 향한 애정어린 부드러움과 진심어린 긍휼을 입으라.

시기심이 아닌 긍휼을, 악의가 아닌 자비를, 격정이 아닌 인내를, 육신이 아닌 그리스도를, 본성이 아닌 은혜를, 앙심이나 보복이 아닌 용서를 우리의 교제를 위한 안내자와 동반자로 삼아야 한다.

이 규칙을 위한 동기들은 다음과 같다.

1. 우리를 향하신 하나님의 무한한 자비, 인내, 관용, 오래 참으심, 값없는 은혜를 생각하라. 하나님은 우리가 매일, 매시간 수없이 많은 실패를 범하고 분노를 촉발함에도 불구하고 우리를 용서하시고 불쌍히 여기시며 참아주신다. 일만 달란트 탕감받은 종에 관한 비유를 참고하라(마 18:23-35).

2. 우리의 계속되는 악행에도 불구하고, 우리를 위해 계속 간구하시는 주 예수 그리스도의 부단하며 불변하는

사랑과 선하심을 생각하라(요일 2:1-2).

3. 우리도 다른 사람들의 인내와 관용과 용서를 필요로 한다는 사실을 생각하라(전 7:20-22).

4. 형제들이 이 규칙에 따라 행할 때 드러나는, 복음의 큰 영광에 대해 생각하라.

숙고/토론을 위한 질문

1. 존 오웬은 우리를 화나게 하는 동료 신자를 대처하는 태도에 대한 소중한 실천적 조언을 제시한다. "당신을 향하신 하나님의 인내와 관용을 되새기면서 반응을 자제하라." "우리도 다른 사람들의 인내와 관용과 용서를 필요로 한다는 사실을 생각하라." 그밖에 유용한 다른 방안들로는 무엇이 있을까?

2. 영어로 된 글에서 자주 사용되는 '샤덴프로이데(schadenfreude)'라는 독일어가 있다. 그 문자적 의미는 '해-기쁨(harm-joy)'이며, 타인의 불행에서 얻는 악의적인 기쁨을 뜻한다. 이것은 우리 인간의 타락한 상태에서 보편적으로 나타나는 증상일 것이다. 어떻게 하면

그리스도인이 이 죄를 극복하며 근절할 수 있을까?

3. 우리가 그리스도인으로서 '입을' 필요가 있는 여러 덕목들이 위에 나열되어 있다. 예컨대, "긍휼, 친절, 겸손, 온유, 인내, 용납, 용서, 부드러운 마음" 등이다. 우리가 이 말씀들에 순종하고자 할 때 도움이 될 실천적 조치로는 어떤 것들이 있을까?

규칙 8

신자들은 여러 상황 가운데서, 친절하고 자상하게 서로를 지원하며 서로의 짐을 져야 한다.

- 갈 6:2 너희가 짐을 서로 지라 그리하여 그리스도의 법을 성취하라

- 히 13:3 너희도 함께 갇힌 것 같이 갇힌 자를 생각하고 너희도 몸을 가졌은즉 학대 받는 자를 생각하라

- 고전 12:25-26 몸 가운데서 분쟁이 없고 오직 여러 지체가 서로 같이 돌보게 하셨느니라 만일 한 지체가 고통을 받으면 모든 지체가 함께 고통을 받고 한 지체가

영광을 얻으면 모든 지체가 함께 즐거워하느니라

- 고후 11:29 누가 약하면 내가 약하지 아니하며 누가 실족하게 되면 내가 애타지 아니하더냐

- 약 1:27 하나님 아버지 앞에서 정결하고 더러움이 없는 경건은 곧 고아와 과부를 그 환난중에 돌보고 또 자기를 지켜 세속에 물들지 아니하는 그것이니라

- 마 25:35-36,40 내가 주릴 때에 너희가 먹을 것을 주었고 목마를 때에 마시게 하였고 나그네 되었을 때에 영접하였고 헐벗었을 때에 옷을 입혔고 병들었을 때에 돌보았고 옥에 갇혔을 때에 와서 보았느니라…임금이 대답하여 이르시되 내가 진실로 너희에게 이르노니 너희가 여기 내 형제 중에 지극히 작은 자 하나에게 한 것이 곧 내게 한 것이니라 하시고

- 딤후 1:16-17 원하건대 주께서 오네시보로의 집에 긍휼을 베푸시옵소서 그가 나를 자주 격려해 주고 내가 사슬에 매인 것을 부끄러워하지 아니하고 로마에 있을 때에 나를 부지런히 찾아와 만났음이라

- 행 20:35 범사에 여러분에게 모본을 보여준 바와 같이

수고하여 약한 사람들을 돕고 또 주 예수께서 친히 말씀하신 바 주는 것이 받는 것보다 복이 있다 하심을 기억하여야 할지니라

설명 8

앞의 규칙은 형제들의 실패에 대한 우리의 반응에 관한 것이었다. 이번 규칙에서는 형제들의 고통과 고난에 대한 우리의 반응을 다룬다. 여기서도 그리스도를 본받아야 한다. 그분은 그분의 백성의 모든 환난에 동참하셨고 (사 63:9) 그들의 곤경 안에서 박해당하셨다(행 9:4).

만일 우리 몸의 여러 지체들이 하나로 연합된 것처럼 영적인 연합을 견고하게 유지할 수 있다면, 이 의무를 탁월하게 이행할 수 있을 것이다. 자신의 몸을 미워하는 사람은 없다. 몸의 한 지체가 고통을 당하면 다른 지체도 편안하지 않다. 다른 지체의 고통에 무관심한 지체는 썩은 지체임이 분명하다. 형제들의 곤궁함을 아랑곳하지 않고 풍요를 즐기는 자에게는 멸망이 기다리고 있다(암 6:4-7). 만일 우리가 형제들의 곤경과 슬픔을 느끼지 않는다면

갑절의 고통을 받아 마땅하다. 느헤미야는 왕의 궁정에 있을 때 교회의 황폐함 때문에 얼굴에 수심이 있었다(느 2:1-3). 성도들의 곤경과 슬픔과 시련과 결핍과 궁핍과 핍박에 무관심하여, 그들의 상처를 애석하게 여기지 않고, 그들의 아픔에 공감하지 않고, 그들의 마음을 위로하지 않고, 그들의 짐을 나눠서 지려 하지 않는 사람들은 그 성도들의 머리되신 분과 연결되었음을 결코 자신할 수 없다.

이 의무를 신실하게 이행하기 위해 요구되는 것은 다음과 같다.

1. 교회의 모든 멤버의 형통을 합당하게 소중히 여기며 이를 간절히 바라는 마음이 필요하다(시 122:6).
2. 사랑의 열매인 긍휼히 여기는 마음, 성도의 여러 가지 짐들을 인식하고 깊이 공감하는 마음이 필요하다(골 3:12).
3. 성도들이 누구에게 어떤 핍박을 받는 상황에 처해 있

더라도 그들을 부끄러워하지 않고 돌보는 용기와 담력
이 필요하다(딤후 1:16-17).

4. 질병과 곤경과 어려움에 처한 성도들을 개인적으로 방
   문하여 조언과 격려와 위로를 전하는 행동이 필요하다
   (마 25:36).

5. 물질적으로든 영적으로든 적절한 지원을 제공하는 것
   이 필요하다.

이 규칙을 위한 동기들은 규칙 7을 위한 동기들과 같
다.

숙고/토론을 위한 질문

1. 당신의 교회에는 멤버들이 서로의 고난과 곤경을 인지할 수 있는 방편들이 마련되어 있는가?

2. 고독, 질병, 치욕 등 신자를 억누를 수 있는 여러 가지 짐을 나열해보라. 교회 멤버들이 이 짐을 덜어줄 수 있는 방법은 무엇일까?

3. 인용된 구절들은 동료 신자들을 위한 지원은 물론이고 낯선 사람들을 위한 지원과도 관련된 것이다(마 25:35-36). 당신의 교회나 당신은 낯선 사람들을 어떻게 환영하는가? 당신의 교회에서는 낯선 사람이 회중의 일원으로 받아들여진다고 느끼려면 어느 정도나 출석해야 하는가? 한 주? 한 달? 1년? 혹은 그 이상?

규칙 9

신자들은 참으로 가난한 사람들을 기꺼이 돕되, 그들의 필요와 결핍과 곤경을 잘 고려하여 적합한 방식으로 행해야 한다.

- 요일 3:17-18 누가 이 세상의 재물을 가지고 형제의 궁핍함을 보고도 도와 줄 마음을 닫으면 하나님의 사랑이 어찌 그 속에 거하겠느냐 자녀들아 우리가 말과 혀로만 사랑하지 말고 행함과 진실함으로 하자
- 고전 16:1-2 성도를 위하는 연보에 관하여는 내가 갈라디아 교회들에게 명한 것 같이 너희도 그렇게 하라

매주 첫날에 너희 각 사람이 수입에 따라 모아 두어서 내가 갈 때에 연보를 하지 않게 하라

- 고후 9:5-7 그러므로 내가 이 형제들로 먼저 너희에게 가서 너희가 전에 약속한 연보를 미리 준비하게 하도록 권면하는 것이 필요한 줄 생각하였노니 이렇게 준비하여야 참 연보답고 억지가 아니니라 이것이 곧 적게 심는 자는 적게 거두고 많이 심는 자는 많이 거둔다 하는 말이로다 각각 그 마음에 정한 대로 할 것이요 인색함으로나 억지로 하지 말지니 하나님은 즐겨 내는 자를 사랑하시느니라
- 롬 12:13 성도들의 쓸 것을 공급하며 손 대접하기를 힘쓰라
- 갈 6:10 그러므로 우리는 기회 있는 대로 모든 이에게 착한 일을 하되 더욱 믿음의 가정들에게 할지니라
- 딤전 6:17-19 네가 이 세대에서 부한 자들을 명하여 마음을 높이지 말고 정함이 없는 재물에 소망을 두지 말고 오직 우리에게 모든 것을 후히 주사 누리게 하시는 하나님께 두며 선을 행하고 선한 사업을 많이 하고 나

누어 주기를 좋아하며 너그러운 자가 되게 하라 이것
이 장래에 자기를 위하여 좋은 터를 쌓아 참된 생명을
취하는 것이니라

• 히 13:16 오직 선을 행함과 서로 나누어 주기를 잊지
말라 하나님은 이같은 제사를 기뻐하시느니라

• 레 25:35 네 형제가 가난하게 되어 빈 손으로 네 곁에
있거든 너는 그를 도와 거류민이나 동거인처럼 너와
함께 생활하게 하되

• 마 25:34-36,40 그 때에 임금이 그 오른편에 있는 자들
에게 이르시되 내 아버지께 복 받을 자들이여 나아와
창세로부터 너희를 위하여 예비된 나라를 상속받으라
내가 주릴 때에 너희가 먹을 것을 주었고 목마를 때에
마시게 하였고 나그네 되었을 때에 영접하였고 헐벗었
을 때에 옷을 입혔고 병들었을 때에 돌보았고 옥에 갇
혔을 때에 와서 보았느니라…임금이 대답하여 이르시
되 내가 진실로 너희에게 이르노니 너희가 여기 내 형
제 중에 지극히 작은 자 하나에게 한 것이 곧 내게 한
것이니라 하시고

설명 9

구주의 예언(마 26:11)대로 그리고 하나님의 약속(신 15:11)대로 가난한 자들이 항상 우리와 함께 있을 것이다. 이 사실은, 그들에게도 우리 자신에게도 일종의 시험으로 작용한다. 그들에게는, 그리스도 한 분으로만 만족하면서 모든 것을 주관하시는 하나님의 주권에 복종하는 시험이다. 우리에게는, 우리에게 주어진 것들을 그리스도를 위해 나누어주는 시험이다. 하나님이 만나를 주셨을 때, 모두가 동일한 몫을 얻었다(출 16:18). "많이 거둔 자도 남지 아니하였고 적게 거둔 자도 모자라지 아니하였느니라"(고후 8:15). 사도 시대에도 교회의 필요에 따라 이런 균등한 분배를 하였다(행 4:35). 필요에 따라 신자들의 소유를 분배하였다.

하나님의 섭리와 지정하심에 따라, 우리 모두는 자신에게 맡겨진 세상 것들을 개인적으로 사용하며 처분할 권리를 갖는다. 이것은 당연한 사실이다. 무상 분배와 관대함을 독려하는 가르침들 자체가 이 점을 입증한다. 하지만 자신에게 맡겨진 것 전부를 자신을 위해 사용하는 것은 인정되지 않는다. 우리는 불의의 재물로 친구를 사귀어야 한다. 그리스도는 형편이 넉넉한 자들이 다른 이들에게 나눠줄 것을 요구하신다. 만일 그분이 당신 자신의 몫과 당신 형제의 몫을 당신에게 주셨다면, 형제의 것을 편취해서야 되겠는가? 그리스도는 부요하신 분이지만 우리를 위해 가난하게 되셨다. 만일 그분이 우리를 부요하게 하신다면, 그것은 우리가 그분을 위해 가난한 자들을 도울 수 있게 하기 위함이다. 이 의무는 부요한 자들에게만 해당하는 것이 아니다(특히 그들에게 해당하긴 하지만). 재산이 없어도 자기 손으로 일하여 임금을 받을 수 있는 사람은 일할 수 없는 사람들에게 나눠줄 수 있도록 절약해야 한다(엡 4:28). 하나님은 두 렙돈도 받으실 뿐만 아니라 요구하신다.

구제와 관련된 교회의 규칙은 두 가지이다. 첫째는 가난한 자들의 필요에 관한 것이고, 둘째는 그들 주변 사람들의 능력에 관한 것이다. 참으로 가난함을 전제로 하고서(살후 3:10-11), 모든 도움은 이들 두 가지 면을 고려하여 이에 상응하게 제공해야 한다. 또한 가난의 구제뿐 아니

라 가난의 예방에도 모든 합법적 수단을 동원하여 힘써
야 한다. 추락하지 않도록 막는 것은 이미 추락한 사람을
돕는 것만큼이나 소중한 일이다.

이 규칙을 위한 동기들은 다음과 같다.

1. 우리를 향하신 하나님의 사랑(요일 3:16).
2. 이 일은 복음의 영광을 크게 드러내는 일임(딛 3:8,14; 마
   5:7).
3. 모든 그리스도인에게 약속된 공동의 유업, 그리고 그
   리스도와 우리의 연합.
4. 이렇게 하는 것이 곧 주 예수께 하는 것이라고 하신 그
   분의 말씀(마 25:35-40).
5. 이것과 결부된 약속(전 11:1; 잠 19:17; 신 15:10; 마 10:42).

이 규칙을 실행하기 위한 수단으로는, 책임자들을 임
명해서(행 6:1-6) 신자들이 매주의 첫 날에 자발적으로 헌
금을 내는 것을 거두게 하고(고전 16:2) 교회의 지도 아래

성도들의 필요에 따라 나누어주게 하는 것이다. 이에 더하여 우리는 개인적인 자선 활동도 넉넉한 마음으로 힘써야 한다(마 6:3; 히 13:16).

숙고/토론을 위한 질문

1. 당신은 오늘날의 교회도 존 오웬이 앞에서 언급한 책임자들을 필요로 한다고 생각하는가? 당신의 교회에는 '집사직', '장로직', '재정위원회', 또는 명칭이야 어떠하든 그런 임무를 수행할 그룹이 있는가?

2. '가난한 자들은 항상 너희와 함께 있거니와'(마 26:11). 이 말씀은 (ㄱ) 교회에게 그리고 (ㄴ) 신자들 개인에게 어떤 의무감을 일깨우는가? 정부의 복리후생제도는 이 의무와 관련하여 어떤 영향을 주는가?

3. 이 규칙은 '참으로 가난한'과 '그들의 필요와 결핍과 곤경을 잘 고려하여 이에 적합한 방식으로'라는 두 문구를 담고 있다. 이 문구들은 실천적으로 어떤 의미를 갖는가?

4. 만일 회중 가운데나, 자신의 가족, 친구, 친지 가운데 '참으로 가난한' 사람이 없다면, 교회나 개인 신자는 무엇을 해야 하는가?

규칙 10

신자들은 분열의 원인 및 분열유발자를 유심히 살피며 피해야 한다. 특히 미혹하는 자들, 거짓 교사들, 하나님의 말씀에 반하는 이단과 오류를 확산시키는 자들을 피해야 한다.

• 롬 16:17-18 형제들아 내가 너희를 권하노니 너희가 배운 교훈을 거슬러 분쟁을 일으키거나 거치게 하는 자들을 살피고 그들에게서 떠나라 이같은 자들은 우리 주 그리스도를 섬기지 아니하고 다만 자기들의 배만 섬기나니 교활한 말과 아첨하는 말로 순진한 자들의

마음을 미혹하느니라

• 마 24:4-5, 23-25 예수께서 대답하여 이르시되 너희가 사람의 미혹을 받지 않도록 주의하라 많은 사람이 내 이름으로 와서 이르되 나는 그리스도라 하여 많은 사람을 미혹하리라…그 때에 사람이 너희에게 말하되 보라 그리스도가 여기 있다 혹은 저기 있다 하여도 믿지 말라 거짓 그리스도들과 거짓 선지자들이 일어나 큰 표적과 기사를 보여 할 수만 있으면 택하신 자들도 미혹하리라 보라 내가 너희에게 미리 말하였노라

• 딤전 6:3-5 누구든지 다른 교훈을 하며 바른 말 곧 우리 주 예수 그리스도의 말씀과 경건에 관한 교훈을 따르지 아니하면 그는 교만하여 아무 것도 알지 못하고 변론과 언쟁을 좋아하는 자니 이로써 투기와 분쟁과 비방과 악한 생각이 나며 마음이 부패하여지고 진리를 잃어 버려 경건을 이익의 방도로 생각하는 자들의 다툼이 일어나느니라

• 딤후 2:16-17 망령되고 헛된 말을 버리라 그들은 경건하지 아니함에 점점 나아가나니 그들의 말은 악성 종

양이 퍼져나감과 같은데 그 중에 후메내오와 빌레도가 있느니라 그들의 말은 악성 종양이 퍼져나감과 같은데 그 중에 후메내오와 빌레도가 있느니라

- 딛 3:9-11 그러나 어리석은 변론과 족보 이야기와 분쟁과 율법에 대한 다툼은 피하라 이것은 무익한 것이요 헛된 것이니라 이단에 속한 사람을 한두 번 훈계한 후에 멀리하라 이러한 사람은 네가 아는 바와 같이 부패하여 스스로 정죄한 자로서 죄를 짓느니라

- 요일 2:18-19 아이들아 지금은 마지막 때라 적그리스도가 오리라는 말을 너희가 들은 것과 같이 지금도 많은 적그리스도가 일어났으니 그러므로 우리가 마지막 때인 줄 아노라 그들이 우리에게서 나갔으나 우리에게 속하지 아니하였나니 만일 우리에게 속하였더라면 우리와 함께 거하였으려니와 그들이 나간 것은 다 우리에게 속하지 아니함을 나타내려 함이니라

- 요일 4:1 사랑하는 자들아 영을 다 믿지 말고 오직 영들이 하나님께 속하였나 분별하라 많은 거짓 선지자가 세상에 나왔음이라

- 요이 10-11절 누구든지 이 교훈을 가지지 않고 너희에게 나아가거든 그를 집에 들이지도 말고 인사도 하지 말라 그에게 인사하는 자는 그 악한 일에 참여하는 자임이라
- 행 20:29-31 내가 떠난 후에 사나운 이리가 여러분에게 들어와서 그 양 떼를 아끼지 아니하며 또한 여러분 중에서도 제자들을 끌어 자기를 따르게 하려고 어그러진 말을 하는 사람들이 일어날 줄을 내가 아노라 그러므로 여러분이 일깨어 내가 삼 년이나 밤낮 쉬지 않고 눈물로 각 사람을 훈계하던 것을 기억하라
- 계 2:14-16 그러나 네게 두어 가지 책망할 것이 있나니 거기 네게 발람의 교훈을 지키는 자들이 있도다 발람이 발락을 가르쳐 이스라엘 자손 앞에 걸림돌을 놓아 우상의 제물을 먹게 하였고 또 행음하게 하였느니라 이와 같이 네게도 니골라 당의 교훈을 지키는 자들이 있도다 그러므로 회개하라 그리하지 아니하면 내가 네게 속히 가서 내 입의 검으로 그들과 싸우리라

설명 10

이 규칙의 첫 소절에 대해서는 2부의 규칙 4에서 부분적으로 논의하였다. 연합을 유지하려면 분열의 원인을 확실히 피해야 한다. "그런 사람들에게서 떠나라." 마치 사탄이 그 혀를 조종하는 것 같은 사람들이 있다. 야고보는 "그 사르는 것이 지옥 불에서 나느니라"라고 표현한다(약 3:6). 그들은 뱀의 후예로서 언쟁을 유발하기를 좋아한다. 그들은 말다툼, 분쟁, 험담, 끝없는 싸움을 먹고 산다. "그런 자들을 살피고 그들에게서 떠나라." 대체로 그들은 사리사욕과 세상적인 목표를 추구하고 심한 자만심과 교만한 마음을 지니고 있다. "그런 사람에게서 돌이키라."

이 규칙의 둘째 소절에 관해 말하자면, 교회와 각 멤버들은 성령을 통해 미혹하는 자들을 분별할 수 있다(요일 2:27; 고전 2:15; 사 8:20). 이러한 분별은 신자들의 의무이며(요일 4:1; 고전 14:29), 권면 사항이다(행 17:11). 그들은 그렇게 하도록 독려된다(빌 1:9-10; 히 5:14).

"만일 소경이 소경을 인도하면 둘 다 구덩이에 빠질 것이다." 테스트받길 거부하는 금은 의심받아 마땅하다. 그리스도인들은 선을 택하고 악을 거부해야 한다. 거짓 교사들에게 미혹되어 바른 길에서 벗어나면, 그들은 머지않아 맹목적인 복종을 요구할 것이다.

신자들이 이 의무를 이행하고 이 규칙을 올바로 지키려면 반드시 다음과 같이 해야 한다.

1. 신자들은 생각을 말씀 안에서 훈련하고, "연단을 받아 선악을 분별"해야 한다(히 5:14). 특히 그들은 성경에서 "바른 말을" 본받고(딤후 1:13), 복음의 핵심 진리들과 신앙의 기본 교리들을 습득해야 한다. 그럴 때 그들은, 비정통적인 것이 처음 대두될 때, 그것을 주장하는 자들과 교류하지 않고 그들에게서 돌이킬 수 있을 것이다.

2. 신자들은 하나님의 방법 안에서 제시되는 것에만 귀 기울이며 유의해야 한다. 우리 시대의 많은 사람들은 색다른 것에 관심이 많아서, 그럴 듯한 논리로 속이면

서 새로운 계시인 양 선전하는 사람들이면 누구든 추종한다. 그들은 하나님이 오직 그분의 방법으로 그분의 일을 행하신다는 것을 제대로 인식하지 못하고서, 자신에게는 모든 것을 시도할 자유가(심지어 의무가) 있다고 말하면서 변명한다. 그들은 이 거짓 교사들의 자격을 조사하려 하지 않는다. 우리 시대의 거짓 선지자들과 미혹하는 자들 대부분은, 사역에의 부르심 자체가 없고 하나님의 섭리도 약속도 없이 사역하는 자들로서, 그들은 자신의 진짜 소명이 무엇인지도 모른 채 하나님의 길에서 벗어나 방황하는 자들로 보인다. 신자들이 아무런 이유도 없이 그런 사람들의 말에 기꺼이 귀 기울이며 관심을 갖는 것은 하나님을 시험하는 격이다. 그럴 경우에 하나님이 그 잘못에 따른 결과를 받게 하시며 그들이 그 귀에 들리는 거짓을 믿도록 방치하시는 것은 너무나 정당하다. 하나님의 방법 안에서 당신에게 제시되는 것에만 귀 기울이라. 또한 들은 바를 시험하도록 하라. 그리고 그 밖의 다른 어떤 것도 환영하지 말라.

3. 신자들은 불안정한 영혼들을 회유하려는 이 미혹자들의 속성을 잘 파악하고 항상 명심해야 한다. 성령님은 말씀을 통해 그들의 속성을 묘사하셨다. 첫째, 그들은 "양의 옷"을 입고서(마 7:15), 순전하고 거룩한 모습으로 올 것이다. 둘째, "교활한 말과 아첨하는 말로"(롬 16:17-18), 버터와 오일처럼 부드러운 말로 미혹할 것이다. 셋째, 사람들의 탐욕에 적합한 교리들, 특히 구원의 넓고 쉬운 길을 제시할 것이다. 넷째, 대단한 것을 발견하고 대단한 계시를 지닌 것처럼 선전할 것이다(마 24:24; 살후 2:2).

4. 신자들은 교회의 경고와 권징을 받은 자들을 철저히 거부하고 그들에게서 분리되어야 한다(딛 3:10).

5. 신자들은 교회의 신실한 자들의 인정을 받지 못한 교사나 설교자를 받아들이지 말아야 한다. 이 악한 시대에는 사람들이 새로운 교사들의 말에 곧바로 귀 기울이되 그들이 어디 출신인지 혹은 어떤 사람인지도 모르고서 그리한다. 초대교회에는 이곳저곳 순회하는 순회 사역자들을 위해 추천서를 써주고(고전 16:3), 그런 추천서

를 지니고 있지 않은 사람을 받아들이지 않는(행 9:26) 바람직한 관행이 있었다. 오늘날에는 이런 관행이 거의 자취를 감춘 것 같다.

6. 신자들은 교회의 승인을 받지 않은 사람의 교리에 관심을 기울이지 말고 율법에 순종하는 삶을 영위해야 한다.

7. 신자들은 색다른 것, 논쟁과 알력을 일으킬 뿐인 것, 기타 경건에 부합하지 않는 모든 가르침을 일절 기뻐하지 말아야 한다. 이런 것들이 종종 끔찍한 배교의 출발점이 된다(딛 3:9; 딤후 4:3; 딤전 6:3-5).

숙고/토론을 위한 질문

1. 설명의 2번에서 '하나님의 방법'이라는 문구가 자주 나온다. 존 오웬은 이것을 어떤 뜻으로 사용했는가?

2. 지식 부족으로 인해 잘못된 것을 부주의하게 가르치는 자들과(행 18:24-28), '우리에게 속하지 않음'으로 인해 잘못된 것을 가르치는 자들을(요일 2:19) 우리가 어떻게 구분할 수 있는가?

3. 청소년 신자가 전혀 새로운 교리를 주장하는 강사나 친구의 말을 들었을 때, 그는 어떻게 대처해야 할까?

4. 다른 교회의 멤버였던 사람을 당신 교회의 멤버로 받아들일 때 당신의 교회는 어떤 과정을 거치는가?

규칙 11

신자들은 교회가 형통하든 곤경에 처하든 그 형편과 처지를 기쁨으로 받아들여야 하며, 어떤 이유에서건 뒤로 물러가면 안 된다.

- 마 13:20-21 돌밭에 뿌려졌다는 것은 말씀을 듣고 즉시 기쁨으로 받되 그 속에 뿌리가 없어 잠시 견디다가 말씀으로 말미암아 환난이나 박해가 일어날 때에는 곧 넘어지는 자요

- 히 10:23-25,32-39 또 약속하신 이는 미쁘시니 우리가 믿는 도리의 소망을 움직이지 말며 굳게 잡고 서로

돌아보아 사랑과 선행을 격려하며 모이기를 폐하는 어떤 사람들의 습관과 같이 하지 말고 오직 권하여 그 날이 가까움을 볼수록 더욱 그리하자…전날에 너희가 빛을 받은 후에 고난의 큰 싸움을 견디어 낸 것을 생각하라 혹은 비방과 환난으로써 사람에게 구경거리가 되고 혹은 이런 형편에 있는 자들과 사귀는 자가 되었으니 너희가 갇힌 자를 동정하고 너희 소유를 빼앗기는 것도 기쁘게 당한 것은 더 낫고 영구한 소유가 있는 줄 앎이라 그러므로 너희 담대함을 버리지 말라 이것이 큰 상을 얻게 하느니라 너희에게 인내가 필요함은 너희가 하나님의 뜻을 행한 후에 약속하신 것을 받기 위함이라 잠시 잠깐 후면 오실 이가 오시리니 지체하지 아니하시리라 나의 의인은 믿음으로 말미암아 살리라 또한 뒤로 물러가면 내 마음이 그를 기뻐하지 아니하리라 하셨느니라 우리는 뒤로 물러가 멸망할 자가 아니요 오직 영혼을 구원함에 이르는 믿음을 가진 자니라

• 딤후 4:10,16 데마는 이 세상을 사랑하여 나를 버리고

데살로니가로 갔고 그레스게는 갈라디아로 디도는 달마디아로 갔고…내가 처음 변명할 때에 나와 함께 한 자가 하나도 없고 다 나를 버렸으나 그들에게 허물을 돌리지 않기를 원하노라

설명 11

그리스도의 가르침을 실천하는 데서 뒤로 물러가는 것, 또는 그리스도께서 제정하셨음을 확신하면서도 그리스도의 규례를 사용하는 데서 뒤로 물러가는 것은 그리스도께 대한 중대한 배교이다.

배교는 그 정도에 상관없이 그리스도 안에 있는 아름답고 선한 것을 거부하고 덧없는 것들에게로 돌이키는 것으로서 이것은 하나님께 대한 범죄이다. 배교자들은 언제나 나름의 핑계를 댄다. 소알의 롯처럼, '이건 사소한 일이야'라고 말하면서 자신이 잘 하고 있는 것처럼 가장하면서 핑계를 댄다. 그러나 예외 없이, 그런 잘못은 더 심한 불경건으로 이어진다. 예수 그리스도의 길에서 뒤로 물러나 회복되지 않는 자는, 그의 예전의 고백이 어떠했

든지 간에 그 심령의 신실하지 못함을 드러낸다.

어떤 동기에서건, 세상적인 이득을 얻기 위해 복음의 의무를 소홀히 하는 핑계를 찾는 자들은 언제나 핑계거리를 발견할 수 있을 것이다.

거대한 악은 그것이 시작될 때 막아야 한다. 복음의 의무에 태만한 것(이는 성도의 교제에 대한 멸시를 항상 포함한다)이 대부분의 교회들에 초래되는 큰 불명예와 혼란의 주요 원인이다. 신앙고백자들이 그리스도의 사랑이나 그분의 두려우심에 관한 진리를 무시하고 사람을 두려워하여 뒤로 물러간다면 하나님께서 그들의 생각이 허망해지도록 내버려두셔도 정당하다.

그러므로 성도들이 이러한 사실들과 아울러 타락의 위험과 혐오스러움을 마음에 새겨서, 일관된 목적으로 모든 규례에 한결같은 모습을 보이면서 열심을 다해 주님의 뒤를 따라야 한다. 그러할 때 핍박이 닥치더라도 흔쾌히 '어린 양이 어디로 가시든지 어린 양을 따를' 것이다. 또한 그들은 서로 견고하게 연합하여 지지하면서 상호 도움을 받고, 함께하는 기도 가운데 선하신 하나님의 응답을 받고 함께하는 고난 가운데 인간들의 사악함을 극복할 수 있게 될 것이다.

어떤 상황에서든 교회에 긴밀하게 들러붙어 교제 가운데 있어야 한다는 이 규칙을 위한 동기들은 다음과 같다.

1. 우리가 누리는 규례들의 탁월함.
2. 타락의 위험성 그리고 최소한의 타락이라도 신실하지 못함의 증거라는 사실.
3. 이 규칙이 무시될 경우에 초래되는, 교회의 불명예와 혼란과 무질서.

숙고/토론을 위한 질문

1. 존 오웬이 '그리스도의 사랑과 두려우심'을 신자들의 타락을 막아주는 두 가지 동인으로 언급한다는 점에 주목하라. 오늘날의 다양한 배교 상황에서, 이들 두 요소 가운데 교회에 미치는 영향력을 더 많이 상실한 것은 무엇인가?

2. 그리스도인의 담대함은 "큰 상"을 얻게 한다(히 10:35). 불신과 곤경과 핍박의 시기에, 교회는 멤버들의 담대함을 강화시키고 그들의 신실한 인내를 북돋우기 위해 어떤 방안을 강구해야 할까?

3. 신앙을 고백하는 한 신자가 교회 예배에 빠지기 시작한다고 하자. 그것이 일시적인 타락인지 아니면 완전한 배교의 시작인지를 교회나 그 신자 자신이 어떻게 분별할 수 있을까?

규칙 12

신자들은 동료 신자를 차별하면 안 되며, 가장 약한 형제의 유익을 위해 가장 낮은 자리에서 가장 작은 봉사를 기꺼이 수행해야 한다.

• 약 2:1-6 내 형제들아 영광의 주 곧 우리 주 예수 그리스도에 대한 믿음을 너희가 가졌으니 사람을 차별하여 대하지 말라 만일 너희 회당에 금 가락지를 끼고 아름다운 옷을 입은 사람이 들어오고 또 남루한 옷을 입은 가난한 사람이 들어올 때에 너희가 아름다운 옷을 입은 자를 눈여겨 보고 말하되 여기 좋은 자리에 앉으소

서 하고 또 가난한 자에게 말하되 너는 거기 서 있든지
내 발등상 아래에 앉으라 하면 너희끼리 서로 차별하
며 악한 생각으로 판단하는 자가 되는 것이 아니냐 내
사랑하는 형제들아 들을지어다 하나님이 세상에서 가
난한 자를 택하사 믿음에 부요하게 하시고 또 자기를
사랑하는 자들에게 약속하신 나라를 상속으로 받게 하
지 아니하셨느냐 너희는 도리어 가난한 자를 업신여겼
도다 부자는 너희를 억압하며 법정으로 끌고 가지 아
니하느냐

- 마 20:26-27 너희 중에는 그렇지 않아야 하나니 너희
  중에 누구든지 크고자 하는 자는 너희를 섬기는 자가
  되고 너희 중에 누구든지 으뜸이 되고자 하는 자는 너
  희의 종이 되어야 하리라

- 롬 12:16 서로 마음을 같이하며 높은 데 마음을 두지
  말고 도리어 낮은 데 처하며 스스로 지혜 있는 체 하지
  말라

- 요 13:12-16 그들의 발을 씻으신 후에 옷을 입으시고
  다시 앉아 그들에게 이르시되 내가 너희에게 행한 것

을 너희가 아느냐 너희가 나를 선생이라 또는 주라 하니 너희 말이 옳도다 내가 그러하다 내가 주와 또는 선생이 되어 너희 발을 씻었으니 너희도 서로 발을 씻어 주는 것이 옳으니라 내가 너희에게 행한 것 같이 너희도 행하게 하려 하여 본을 보였노라 내가 진실로 진실로 너희에게 이르노니 종이 주인보다 크지 못하고 보냄을 받은 자가 보낸 자보다 크지 못하나니

설명 12

주님이 차별하지 않으신 것을 우리가 차별해선 안 된다. 예수 그리스도 안에서는 부자와 가난한 자를 막론하고 또한 지위고하를 막론하고 모두가 새로운 피조물이다. 일반적으로 말해서, 하나님은 "세상의 약한 것들을 택하사 강한 것들을 부끄럽게" 하신다.

경험적으로 볼 때, 하늘의 부르심에 참여하는 자들 중에는 세상적인 기준에서 지혜로운 자들과 강한 자들과 가문이 좋은 자들이 많지 않다. 이는 그리스도의 복음이 사람들 간의 이 같은 차이들, 곧 권력, 권한, 연고 관계, 재

산, 재능, 연령 등의 차이점들을 무시하기 때문이 아니며, 복음이 그런 구분에 따른 존경, 의무, 순종, 복종 등을 없애는 것도 아니며, 토지 소유권이나 세상 것들에 대한 소유권을 소멸시키는 것은 더더욱 아니다. 다만 영적인 문제에 있어서는 이런 외적인 것들이 대체로 모두에게 동일하게 작용하며 별다른 가치가 없다는 의미이다. 모든 신자들은 지위가 높든 부유하든 간에 동일한 성도로 간주되어야 한다. 하나님 앞에서는 모두가 평등하며 모두가 벌거벗었다.

값없는 은혜가 구별하는 유일한 것이다. 모두가 같은 가족의 형제들이며, 같은 주인의 종들이고, 같은 일터에 고용되었고, 같은 존귀한 믿음으로 행하며, 같은 특권을 누리며, 또한 같은 상급과 영생을 기대한다. 왜 어떠한 차이가 있어야 하겠는가? 그러므로, 성도 가운데서 가장 큰 자는 가장 낮은 자를 위해 가장 낮은 일을 행하는 것을 가장 큰 영예로 여겨야 한다. 영적 공동체는 영적 문제에 있어서의 평등을 보장해야 한다. 주님 앞에 받아들여지는 자는 가장 부유한 사람이나 가장 가난한 사람이 아니라 가장 겸손한 사람이다.

이 규칙을 위한 동기들은 다음과 같다.

1. 그리스도의 본보기.
2. 성경의 명령.
3. 하나님이 사람들을 차별하지 않으신다는 사실.
4. 같은 믿음, 같은 소망 등을 공동으로 소유한다는 사실.
5. 하나님의 일에 관해서는 어떠한 외적인 차이도 무관하다는 사실.

숙고/토론을 위한 질문

1. 앞에 묘사된 차별이 교회 회중 가운데 어떤 식으로 존재할 수 있는가?

2. "내가 너희에게 행한 것 같이 너희도 행하게 하려 하여 본을 보였노라." 교회 생활에 있어, 우리가 주님의 본보기를 따를 수 있는 여러 가지 방법들에 대해 토론하라. 이들 중 몇 가지에 우리가 개인적으로 동참할 수 있는가?

3. 'todies, sycophants, crawlers, back-scratchers, flunkeys, hangers-on…'은 사람을 차별하는 자들을 묘사하는 다양한 영어 표현들이다. 사람을 차별하게 우리를 유혹하는 그릇된 동기들에 대해 토론해보라.

규칙 13

만일 어떤 멤버가 재난이나 고난이나 핍박의 상황에 처해 있다면, 전체 교회는 겸비하게 되어야 하며 그를 위해 간절히 기도해야 한다.

• 행 12:5,7,12 이에 베드로는 옥에 갇혔고 교회는 그를 위하여 간절히 하나님께 기도하더라…홀연히 주의 사자가 나타나매 옥중에 광채가 빛나며 또 베드로의 옆구리를 쳐 깨워 이르되 급히 일어나라 하니 쇠사슬이 그 손에서 벗어지더라…깨닫고 마가라 하는 요한의 어머니 마리아의 집에 가니 여러 사람이 거기에 모여 기

도하고 있더라

- 롬 12:15 즐거워하는 자들과 함께 즐거워하고 우는 자들과 함께 울라

- 고전 12:26,27 만일 한 지체가 고통을 받으면 모든 지체가 함께 고통을 받고 한 지체가 영광을 얻으면 모든 지체가 함께 즐거워하느니라 너희는 그리스도의 몸이요 지체의 각 부분이라

- 살후 3:1-2 끝으로 형제들아 너희는 우리를 위하여 기도하기를 주의 말씀이 너희 가운데서와 같이 퍼져 나가 영광스럽게 되고 또한 우리를 부당하고 악한 사람들에게서 건지시옵소서 하라 믿음은 모든 사람의 것이 아니니라

설명 13

이 의무는 대체로 앞의 규칙들에 포함되어 있다. 따라서 이것을 상세하게 논의할 필요는 없다. 동료 멤버라면 이것은 자연스럽게 요구되는 사항이다. 하나님은 교회의 감사하는 찬양만큼 간절한 기도도 기뻐하신다. 그러므로

여러 섭리들을 통해, 이 의무를 이행하도록 그들을 부르신다. 때로 하나님은 전체 교회를 보존하기 위해 특정 멤버에게 고난을 허용하시며, 그로 인해 멤버들로 하여금 성령의 인도하심에 따라 그 멤버의 고통에 공감하며 함께 기도하게 하신다.

영적 연합은 자연적인 연합보다 더 숭고하고 탁월하다. 따라서 한 멤버나 전체 교회가 다른 멤버의 고난에 함께 아파하며 그를 보살피지 않는 건 비난받아 마땅하다. 동료의 고통을 함께 느끼지 않는 멤버는 썩은 지체와 같고, 몸의 나머지 부분을 감염시킬 위험이 있을 경우에는 썩은 지체는 절단해야 한다.

그러므로 교회의 멤버가 하나님의 징계를 받거나 사람의 핍박을 당하고 있을 경우에, 모든 동료 멤버들과 전체 교회는 그것을 인식하고 공감하는 가운데 계속적으로 하나님께 간절히 기도하며 돌봐주어야 한다. 이런 식으로 영적 관심을 보여야 한다.

이렇게 함은 다음과 같은 목적을 위해서이다.

첫째, 하나님의 뜻이 이루어진다. 둘째, 복음의 영광이 드높여진다. 셋째, 전체 교회가 보존되고 구출된다. 넷째, 성도들이 그리스도의 고난에 동참하게 된다. 다섯째, 교회의 교제의 헤아릴 수 없는 유익들이 향유된다.

숙고/토론을 위한 질문

1. 당신의 교회는, 멤버들 개개인이 사적으로 그리고 교회 공동체가 공적으로, 고난에 처한 동료 멤버들을 위해 간절히 기도하는가?

2. 당신은 회중 가운데 누구든지 고통당하면 아파하는가, 아니면 아주 친한 멤버가 고통당할 때에만 아파하는가?

규칙 14

신자들은 서로의 행동을 주의 깊게 살피고 모든 무질서한 행동을 피하기 위해 서로를 경고해야 한다. 만일 죄를 범하는 멤버가 그러한 경고를 받아들이지 않으면, 그 문제는 교회에 말해서 처리하게 해야 한다.

• 마 18:15-17 네 형제가 죄를 범하거든 가서 너와 그 사람과만 상대하여 권고하라 만일 들으면 네가 네 형제를 얻은 것이요 만일 듣지 않거든 한두 사람을 데리고 가서 두세 증인의 입으로 말마다 확증하게 하라 만일 그들의 말도 듣지 않거든 교회에 말하고 교회의 말도

듣지 않거든 이방인과 세리와 같이 여기라

- 살전 5:14 또 형제들아 너희를 권면하노니 게으른 자들을 권계하며 마음이 약한 자들을 격려하고 힘이 없는 자들을 붙들어 주며 모든 사람에게 오래 참으라

- 히 3:12-13 형제들아 너희는 삼가 혹 너희 중에 누가 믿지 아니하는 악한 마음을 품고 살아 계신 하나님에게서 떨어질까 조심할 것이요 오직 오늘이라 일컫는 동안에 매일 피차 권면하여 너희 중에 누구든지 죄의 유혹으로 완고하게 되지 않도록 하라

- 히 10:24-25 서로 돌아보아 사랑과 선행을 격려하며 모이기를 폐하는 어떤 사람들의 습관과 같이 하지 말고 오직 권하여 그 날이 가까움을 볼수록 더욱 그리하자

- 히 12:13,15-16 너희 발을 위하여 곧은 길을 만들어 저는 다리로 하여금 어그러지지 않고 고침을 받게 하라…너희는 하나님의 은혜에 이르지 못하는 자가 없도록 하고 또 쓴 뿌리가 나서 괴롭게 하여 많은 사람이 이로 말미암아 더럽게 되지 않게 하며 음행하는 자와

혹 한 그릇 음식을 위하여 장자의 명분을 판 에서와 같이 망령된 자가 없도록 살피라

- 레 19:17 너는 네 형제를 마음으로 미워하지 말며 네 이웃을 반드시 견책하라 그러면 네가 그에 대하여 죄를 담당하지 아니하리라
- 살후 3:15 그러나 원수와 같이 생각하지 말고 형제 같이 권면하라
- 롬 15:14 내 형제들아 너희가 스스로 선함이 가득하고 모든 지식이 차서 능히 서로 권하는 자임을 나도 확신하노라
- 약 5:19-20 내 형제들아 너희 중에 미혹되어 진리를 떠난 자를 누가 돌아서게 하면 너희가 알 것은 죄인을 미혹된 길에서 돌아서게 하는 자가 그의 영혼을 사망에서 구원할 것이며 허다한 죄를 덮을 것임이라
- 잠 29:1 자주 책망을 받으면서도 목이 곧은 사람은 갑자기 패망을 당하고 피하지 못하리라

설명 14

이 규칙은 삼중의 의무를 포함한다. 여기서 강조되어야 하는 주된 의무는 경고하는 것이다. 경고에 앞서서는 살펴볼 의무가 있으며, 마지막으로는 경고가 무시될 때 교회에 알리는 의무가 있다. 하나님의 영광과 복음을 위해서든, 교제의 결속—신자들 간의 사랑과 서로의 영적 유익을 구할 의무—을 위해서든, 이 의무는 꼭 필요하며 공동체에 큰 유익을 끼친다. 다만 호기심에서 서로의 실패를 캐선 안 되며, 악의적으로 형제를 곤경과 수치에 빠트리려고 허물을 들추어내선 더더욱 안 된다. 이 같은 행위들은 '악을 생각하지 않고' 오히려 '허다한 죄를 덮는' 사랑의 원칙에 위배된다. 우리는 서로의 걸음을 살피되, 하나님의 영광과 복음의 영예와 서로의 영혼에 대한 관심하에서 그리해야 한다. 어떤 이의 모범적인 행동은 본받아야 하고, 실패는 지적해야 하며, 또한 그릇된 것은 질책해야 한다. 그래서 범사에 하나님을 영화롭게 하고 그리스도를 높여야 한다.

경고의 방법은 두 가지이다.

1. 권위로 경고함―권세로.
2. 우애로 경고함―사랑으로.

권위로 하는 경고는 다시 두 가지로 나뉜다. 첫째, 교리적 가르침을 통한 것이고, 둘째는 권징을 통한 것이다. 두 경우 모두 전체 교회가 결부되며 여기서 상세한 내용까지 다루기에는 적절하지 않다. 한편 우애적인 경고도 이중적이다. 우선 그것은 권면의 형태로, 즉 선한 일을 하라는 독려로 주어질 수 있다. 혹은 책망, 즉 그릇된 일에 대한 질책으로 주어질 수 있다. 이 규칙에서 말하는 것은 이 두 번째 것이다. 이것은 함께 교제하는 이들에 대한 모든 교회 멤버들의 의무이다. 각자는 어떤 부분에서 올바른 방식으로 살지 않는 것으로 판단되는 멤버를 하나님의 말씀으로 책망하되 그 멤버의 영혼을 회복시키려는 한 가지 목적으로 그리해야 한다.

이 의무를 행하는 자에게는 많은 주의와 지혜, 자상함과 절제가 요구된다. 이 덕목들이 결여되면 조용히 해결할 문제가 다툼과 언쟁을 유발하기 쉽다. 따라서 이 의무를 행하는 자는 누구든지 다음 사항들을 고려해야 한다.

1. 항상 우리에게 주어진 사랑의 규칙을 어기지 말아야 한다(고전 13:7; 갈 6:2).

2. 자신의 눈에 있는 모든 들보와 티를 빼려고 부단히 노력함으로써 자신의 마음속에 먼저 평강을 유지해야 한다(마 7:5).

3. 책망할 때 오직 하나님의 영광과 형제의 행복만을 위하며 시기나 조롱이 배제된 마음으로 해야 한다.

4. 하나님의 말씀에서 이끌어낸 경고를 하고 있다는 것을 명확하게 함으로써, 하나님의 권위가 동반되게 해야 하며, 말씀을 벗어난 어떠한 지적도 하지 않는다.

5. 책망을 하기 위한 만남의 상황과 관련된 모든 환경적 요소들, 즉 그 시간과 장소와 그곳에 있는 사람들 등의 모든 상황을 세심히 고려함으로써, 상대를 불필요하게 자극할 수 있는 어떤 일도 피하도록 한다.

6. 이 일은 그리스도께서 특별한 관심을 보이시는 일이다.

7. 자신에게 개인적으로 가해지는 사적인 해악과(이것은 질 책보다는 용서를 다루는 부분에서 논의되어야 한다) 공적인 죄악을 주의 깊게 구분해야 한다.

8. 형제를 향한 모든 경고는 동일 또는 유사한 잘못과 관련된 자기 점검을 항상 수반해야 한다.

모든 신자는 위에 열거된 사항들 및 기타 유사한 사항들을 잘 고려하고서, 어떤 식으로든 그리스도인으로서의 행보에 실패하고 있다고 판단되는 이들을 죄악에서 돌이키기 위해 신앙적인 용기를 내어 말씀으로 책망해야 한다. 이 때 상대의 정당한 항변이나 고치겠다는 약속을 흔쾌히 듣고 받아들일 마음의 준비가 되어 있어야 한다. 실제로 잘못을 범하는 사람을 발견하고도 그런 책망을 하지 않고 넘어간다면, 그 사람의 죄악에서 자유로울 수 없다.

책망을 받는 신자는 그리스도인다운 인내로 그 경고를 달게 받아들여야 하며, 화를 내거나 악감정을 품지 말고 자신을 책망하는 사람이 자신을 심각한 위기에서 구해주

고 있다고 생각해야 한다. 또한 다음 사항들을 고려해야
한다.

1. 이 일을 행하도록 지정하신 분의 권위를 고려해야 한
   다.
2. 자신이 미처 인식하지 못했던 위험이나 죄악이 방지됨
   으로써, 자신이 누리게 될 유익과 긍휼을 고려해야 한
   다.
3. 질책을 멸시하는 자들에게 가해지는 무서운 심판(잠
   29:1)을 고려해야 한다. 그럼으로써, 교회 회중 가운데
   최소한의 인원이 행하는 공정한 책망을 감사하는 마음
   으로 받아들일 수 있어야 한다.

개인적인 책망을 받아들이지 않으면 교회의 손에 넘
긴다는 세 번째 의무에 대해, 우리 주님은 마태복음 18장
15-17절에서 더 이상의 설명이 필요 없을 정도로 명쾌하
게 그 방법을 말씀하셨다. 다만 필자는 17절의 '교회'가
장로들만을 가리키는 것이 아니라 전체 회중을 가리키는

것으로 이해한다(존 오웬은 회중주의자임-역주). 만일 피해를 당한 형제가 곧바로 두세 명의 장로들을 가해자에게 데리고 간다면, 그는 실질적으로 '교회'를 그 가해자에게 데려간 셈이며, 이로써 '교회'는 두세 명의 증인을 통한 질책이 있기도 전에 그 일을 알게 된다. 이런 방식은 분명히 규칙에 위배될 것이다.

숙고/토론을 위한 질문

1. 본서에 수록된 모든 규칙들 중에서, 우리 시대에 가장 지켜지지 않는 것이 바로 이 규칙일 것이다. 당신의 생각은 어떠한가?

2. 이 책망의 그릇된 방식은 어떤 것인가? 그로 인한 위험들은 무엇인가?

3. 올바른 책망의 방식은 무엇인가? 그로 인한 유익들은 무엇인가?

4. 교회 멤버의 영적 실패에 대해 당신은 개인적인 책임감을 느끼는가?

5. 존 오웬은 다른 21가지 규칙들보다 이 규칙에 가장 많은 주의를 기울여 상세하게 기술한다. 그 이유가 무엇이라고 생각하는가?

규칙 15

신자들은 복음의 영광을 위해, 교회의 건덕을 위해, 그리고 교회 밖의 사람들을 설복시키기 위해, 모든 거룩함과 경건함 가운데 모범적인 방식으로 살아야 한다.

- 시 24:3-4 여호와의 산에 오를 자가 누구며 그의 거룩한 곳에 설 자가 누구인가 곧 손이 깨끗하며 마음이 청결하며 뜻을 허탄한 데에 두지 아니하며 거짓 맹세하지 아니하는 자로다

- 마 5:16,20 이같이 너희 빛이 사람 앞에 비치게 하여 그들로 너희 착한 행실을 보고 하늘에 계신 너희 아버지

께 영광을 돌리게 하라…내가 너희에게 이르노니 너희 의가 서기관과 바리새인보다 더 낫지 못하면 결코 천국에 들어가지 못하리라

- 마 21:19 길 가에서 한 무화과나무를 보시고 그리로 가사 잎사귀 밖에 아무 것도 찾지 못하시고 나무에게 이르시되 이제부터 영원토록 네가 열매를 맺지 못하리라 하시니 무화과나무가 곧 마른지라

- 딤후 2:19 그러나 하나님의 견고한 터는 섰으니 인침이 있어 일렀으되 주께서 자기 백성을 아신다 하며 또 주의 이름을 부르는 자마다 불의에서 떠날지어다 하였느니라

- 딛 2:11-14 모든 사람에게 구원을 주시는 하나님의 은혜가 나타나 우리를 양육하시되 경건하지 않은 것과 이 세상 정욕을 다 버리고 신중함과 의로움과 경건함으로 이 세상에 살고 복스러운 소망과 우리의 크신 하나님 구주 예수 그리스도의 영광이 나타나심을 기다리게 하셨으니 그가 우리를 대신하여 자신을 주심은 모든 불법에서 우리를 속량하시고 우리를 깨끗하게 하사

선한 일을 열심히 하는 자기 백성이 되게 하려 하심이
라

- 엡 4:21-23 진리가 예수 안에 있는 것 같이 너희가 참
  으로 그에게서 듣고 또한 그 안에서 가르침을 받았을
  진대 너희는 유혹의 욕심을 따라 썩어져 가는 구습을
  따르는 옛 사람을 벗어 버리고 오직 너희의 심령이 새
  롭게 되어

- 벧전 3:1-2 아내들아 이와 같이 자기 남편에게 순종하
  라 이는 혹 말씀을 순종하지 않는 자라도 말로 말미암
  지 않고 그 아내의 행실로 말미암아 구원을 받게 하려
  함이니 너희의 두려워하며 정결한 행실을 봄이라

- 히 12:14 모든 사람과 더불어 화평함과 거룩함을 따르
  라 이것이 없이는 아무도 주를 보지 못하리라

- 엡 5:15-16 그런즉 너희가 어떻게 행할지를 자세히 주
  의하여 지혜 없는 자 같이 하지 말고 오직 지혜 있는
  자 같이 하여 세월을 아끼라 때가 악하니라

- 삼하 12:14 이 일로 말미암아 여호와의 원수가 크게 비
  방할 거리를 얻게 하였으니 당신이 낳은 아이가 반드

시 죽으리이다 하고

설명 15

거룩함은 여호와의 집에 영원히 걸맞은 것이다. 거룩함이 없이는 아무도 여호와를 뵙지 못할 것이다. 그리스도는 그의 교회를 정결하게 씻어 흠도 없고 점도 없게 아버지께 드리기 위해 죽으셨다. 피로 사서 선한 일에 열심을 품게 하려고 죽으셨다. 우리 안에 있는 하나님의 나라의 영광은 우리가 하나님의 자녀임을 드러낸다. 세상과 구별된 교회의 위대한 특징은 그들이 거룩하고 겸손하며 자기를 부인하는 사람들이라는 것이다. 우리 주님이 거룩하시다. 그의 교훈과 위엄이 거룩하다. 우리의 마음도 거룩하도록 최선의 노력을 다하자.

우리가 교회 밖의 사람들에게 보여주는 지혜가 바로 이것이다. 이를 통해 그들이 교회로 이끌리거나 죄를 자각할 수 있다. 이것은 우리가 서로를 효과적으로 세우는 방법이기도 하다. 본보기는 말로 가르치는 것보다 더 설득력 있는 교수법이다. 느슨한 삶은 하나님의 이름을 욕

되게 하고 그리스도께 속한 소자들에게 해를 입히며 그의 대적들을 기쁘게 하는 것으로서, 가장 비통한 슬픔을 초래한다. 거룩한 삶으로 부르심받고 거룩한 규례를 누리는 모든 이들이 거룩한 행실로 빛남으로써, 복음의 영광이 드러나며, 그들을 악행자라며 비난하는 자들의 입이 닫히고, 그 비난자들의 마음이 수치심으로 가득해지기를 기원한다.

이 규칙은 마침내 불신자들이 하나님을 대적했음을 스스로 인정하고 기도를 부탁하기까지, 인내와 온유함으로 그들을 대하며 지혜롭게 행하는 삶을 수반한다. 또한 이 규칙은 모든 환난과 고난과 핍박 가운데서 그리스도의 이름을 위하여 견디는 성도의 인내를 포함한다.

우리의 내면의 행위와 외적인 행위로, 사적인 삶과 공적인 삶에서, 개인적인 관계와 공적인 관계에서, 이 규칙에 따르며 지속적으로 거룩함을 추구하게 하는 동기로는 다음과 같은 것들이 있다.

1. 이것이 없이는 하나님과 교제를 나누게 하는 가장 소
   중한 규례도 무의미함.
2. 메마르고 공허하며 결실 없는 믿음에 의해 기만당하는
   사람들의 비참한 운명.
3. 복음의 능력이 신자들의 마음과 생각과 말과 행동과
   삶에 분명한 효력을 미칠 때 복음의 영광이 빛나게 됨.
4. 신자들이 불경건하게 살 때 복음에 대한 추문이 발생
   하며, 대적들에게 이점이 주어지고, 교회의 수치를 가
   져오며, 하나님의 격렬한 진노를 불러오게 됨.
5. 거룩한 삶을 살 때 장래에 영원한 영광을 얻게 되며 이
   생에서도 감미로운 상급을 누리게 됨. 하나님의 아들
   께서 그분의 거룩한 피를 통해 우리 모두를 그 상급으
   로 인도해주시기를!

숙고/토론을 위한 질문

1. 거룩함을 어떻게 추구해야 하는가? 거룩함에 있어서의 성장은 하나님이 주시는 것인가 아니면 신자가 도모하는 것인가?

2. 마태복음 5장 16절에 비추어 볼 때, 자신의 선한 행실을 친구와 친지들에게 적극적으로 알리는 것이 바람직한가?

3. 무화과나무에 대한 그리스도의 저주에 담긴 메시지는 무엇인가?(마 21:18-19; 막 11:12-14,20-21).

4. 존 오웬은 위의 다섯 가지 동기들이 교회의 교제에 대한 이 소책자의 적절한 마무리라고 보았다. 그가 그렇게 생각한 이유는 무엇일까?

개혁된 실천 시리즈 ─────────

1. 조엘 비키의 교회에서의 가정
설교 듣기와 기도 모임의 개혁된 실천
조엘 비키 지음 | 유정희 옮김

이 책은 가정생활의 두 가지 중요한 영역에 대한 실제적 지침을 포함하고 있다. 첫째, 공예배를 위해 가족들을 어떻게 준비시켜야 하는지, 설교 말씀을 어떻게 받아야 하는지, 그 말씀을 어떻게 실천해야 하는지 설명한다. 둘째, 기도 모임이 교회의 부흥과 얼마나 관련이 깊은지 역사적으로 고찰하면서, 기도 모임의 성경적 근거를 제시하고, 그 목적을 설명하며, 나아가 바람직한 실행 방법을 설명한다.

2. 존 오웬의 그리스도인의 교제 의무
그리스도인의 교제의 개혁된 실천
존 오웬 지음 | 김태곤 옮김

이 책은 그리스도인 상호 간의 교제에 대해 청교도 신학자이자 목회자였던 존 오웬이 저술한 매우 실천적인 책으로서, 이 책에서 우리는 청교도들이 그리스도인의 교제를 얼마나 중시했는지 엿볼 수 있다. 이 책은 그리스도인의 교제에 대한 핵심 원칙들을 담고 있다. 교회 안의 그룹 성경공부에 적합하도록 각 장 뒤에는 토의할 문제들이 부가되어 있다.

3. 개혁교회의 가정 심방
가정 심방의 개혁된 실천
피터 데 용 지음 | 조계광 옮김

목양은 각 멤버의 영적 상태를 개별적으로 확인하고 권면하고 돌보는 일을 포함한다. 이를 위해 교회는 역사적으로 가정 심방을 실시하였다. 이 책은 외국 개혁교회에서 꽃피웠던 가정 심방의 실제 모습을 보여주며, 한국 교회 안에서 행해지는 가정 심방의 개선점을 시사해준다.

4. 네덜란드 개혁교회의 자녀양육
자녀양육의 개혁된 실천
야코부스 꿀만 지음 | 유정희 옮김

이 책에서 우리는 17세기 네덜란드 개혁교회 배경에서 나온 자녀양육법을 살펴볼 수 있다. 경건한 17세기 목사인 야코부스 꿀만은 자녀양육과 관련된 당시의 지혜를 한데 모아서 구체적인 282개 지침으로 꾸며 놓았다. 부모들이 이 지침들을 읽고 실천하면 큰 도움을 받을 수 있게 하였다. 의도는 선하더라도 방법을 모르면 결과를 낼 수 없다. 우리 그리스도인 부모들은 구체적인 자녀양육 방법을 배우고 실천해야 한다.

5. 신규 목회자 핸드북
제이슨 헬로포울로스 지음 | 리곤 던컨 서문 | 김태곤 옮김

이 책은 새로 목회자가 된 사람을 향한 주옥같은 48가지 조언을 담고 있다. 리곤 던컨, 케빈 드영, 앨버트 몰러, 알리스테어 베그, 팀 챌리스 등이 이 책에 대해 극찬하였다. 이 책은 읽기 쉽고 매우 실천적이며 유익하다.

6. 신약 시대 신자가 왜 금식을 해야 하는가
금식의 개혁된 실천
대니얼 R. 하이드 지음 | 김태곤 옮김

금식은 과거 구약 시대에 국한된, 우리와 상관없는 실천사항인가? 신약 시대 신자가 정기적인 금식을 의무적으로 행해야 하는가? 자유롭게 금식할 수 있는가? 금식의 목적은 무엇인가? 이 책은 이런 여러 질문에 답하면서, 이 복된 실천사항을 성경대로 회복할 것을 촉구한다.

7. 개혁교회 공예배
공예배의 개혁된 실천
대니얼 R. 하이드 지음 | 이선숙 옮김

많은 신자들이 평생 수백 번, 수천 번의 공예배를 드리지만 정작 예배에 대해서 제대로 이해하지 못하는 경우가 많다. 당신은 예배가 왜 지금과 같은 구조와 순서로 되어 있는지 이해하고 예배하는가? 신앙고백은 왜 하는지, 목회자가 왜 대표로 기도하는지, 말씀은 왜 읽는지, 축도는 왜 하는지 이해하고 참여하는가? 이 책은 분량은 많지 않지만 공예배의 핵심 사항들에 대하여 알기 쉽게 알려준다.

8. 아이들이 공예배에 참석해야 하는가
아이들의 예배 참석의 개혁된 실천
대니얼 R. 하이드 지음 | 유정희 옮김

아이들만의 예배가 성경적인가? 아니면 아이들도 어른들의 공예배에 참석해야 하는가? 성경은 이에 대해 무엇을 말하는가? 아이들의 공예배 참석은 어떤 유익이 있으며 실천적인 면에서 주의할 점은 무엇인가? 이 책은 아이들의 공예배 참석 문제에 대해 성경을 토대로 돌아보게 한다.

9. 마음을 위한 하나님의 전투 계획
청교도가 실천한 성경적 묵상
데이비드 색스톤 지음 | 조엘 비키 서문 | 조계광 옮김

묵상하지 않으면 경건한 삶을 살 수 없다. 우리 시대에 일어나고 있는 일이 바로 이것이다. 오늘날은 명상에 대한 반감으로 묵상조차 거부한다. 그러면 무엇이 잘못된 명상이고 무엇이 성경적 묵상인가? 저자는 방대한 청교도 문헌을 조사하여 청교도들이 실천한 묵상을 정리하여 제시하면서, 성경적 묵상이란 무엇이고, 왜 묵상을 해야 하며, 어떻게 구체적으로 묵상을 실천하는지 알려준다. 우리는 다시금 이 필수적인 실천사항으로 돌아가야 한다.

10. 장로와 그의 사역
장로 직분의 개혁된 실천

데이비드 딕슨 지음 | 김태곤 옮김

장로는 무슨 일을 하는 사람인가? 스코틀랜드 개혁교회 장로에게서 장로의 일에 대한 조언을 듣자. 이 책은 장로의 사역에 대한 지침서인 동시에 남을 섬기는 삶의 모델을 보여주는 책이다. 이 책 안에는 비단 장로뿐만 아니라 모든 그리스도인이 본받아야 할, 섬기는 삶의 아름다운 모델이 담겨 있다. 이 책은 따뜻하고 영감을 주는 책이다.

11. 북미 개혁교단의 교회개척 매뉴얼
URCNA 교단의 공식 문서를 통해 배우는 교회개척 원리와 실천

이 책은 북미연합개혁교회(URCNA)라는 개혁 교단의 교회개척 매뉴얼로서, 교회개척의 첫 걸음부터 그 마지막 단계까지 성경의 원리에 입각한 교회개척 방법을 가르쳐준다. 모든 신자는 함께 교회를 개척하여 그리스도의 나라를 확장해야 한다.

12. 예배의 날
제4계명의 개혁된 실천

라이언 맥그로우 지음 | 조계광 옮김

제4계명은 십계명 중 하나로서 삶의 골간을 이루는 중요한 계명이다. 하나님의 뜻을 따르는 우리는 이를 모호하게 이해하고, 모호하게 실천하면 안 되며, 제대로 이해하고, 제대로 실천해야 한다. 이를 위해 우리는 이 계명의 참뜻을 신중하게 연구해야 한다. 이 책은 가장 분명한 논증을 통해 제4계명의 의미를 해석하고 밝혀준다. 하나님은 그날을 왜 제정하셨나? 그날은 얼마나 복된 날이며 무엇을 하면서 하나님의 복을 받는 날인가? 교회사에서 이 계명은 어떻게 이해되었고 어떤 학설이 있고 어느 관점이 성경적인가? 오늘날 우리는 이 계명을 어떻게 지킬 것인가?

13. 질서가 잘 잡힌 교회(근간)
교회 생활의 개혁된 실천

윌리암 뵈케슈타인, 대니얼 하이드 공저

이 책은 두 명의 개혁파 목사가 교회에 대해 저술한 책이다. 이 책은 기존의 교회성장에 관한 책들과는 궤를 달리하며, 교회의 정체성, 교회 안의 다스리는 권위 체계, 교회와 교회 간의 상호 관계, 교회의 사명 등 네 가지 영역에서 성경적 원칙이 확립되고 '질서가 잘 잡힌 교회'가 될 것을 촉구한다. 이 네 영역 중 하나라도 잘못되고 무질서하면 그만큼 교회의 삶은 혼탁해지며 교회는 약해지게 된다. 어떤 기관이든 질서가 잘 잡혀야 번성하며, 교회도 예외가 아니다.

14. 장로 직분 이해하기(근간)
모든 성도가 알아야 할 장로 직분

제랄드 벌고프, 레스터 데 코스터 공저

하나님은 복수의 장로를 통해 교회를 다스리신다. 복수의 장로가 자신의 역할을 잘 감당해야 교회 안에 하나님의 통치가 제대로 편만하게 미친다. 이 책은 그토록 중요한 장로 직분에 대한 성경의 가르침을 정리하여 제공한다. 이 책의 원칙에 의거하여 오늘날 교회 안에서 장로 후보들이 잘 양육되고 있고, 성경이 말하는 자격요건을 구비한 장로들이 성경적 원칙에 의거하여 선출되고, 장로들이 자신의 감독과 목양 책임을 잘 수행하고 있는가? 우리는 장로 직분을 바로 이해하고 새롭게 실천하여야 할 것이다. 이 책은 비단 장로만을 위한 책이 아니라 모든 성도를 위한 책이다. 성도는 장로를 선출하고 장로의 다스림에 복종하고 장로의 감독을 받고 장로를 위해 기도하고 장로의 직분 수행을 돕고 심지어 장로 직분을 사모해야 하기 때문에 장로 직분에 대한 깊은 이해가 필수적이다.

15. 집사 직분 이해하기(근간)
모든 성도가 알아야 할 집사 직분
제랄드 벌고프, 레스터 데 코스터 공저

하나님의 율법은 교회 안에서 곤핍한 자들, 외로운 자들, 정서적 필요를 가진 자들을 따뜻하고 자애롭게 돌볼 것을 명한다. 거룩한 공동체 안에 한 명도 소외된 자가 없도록 이러한 돌봄이 잘 이루어져야 한다. 이 일은 기본적으로 모든 성도가 힘써야 할 책무이지만 교회는 특별히 이 일에 책임을 지고 감당하도록 집사 직분을 세운다. 오늘날 율법의 명령이 잘 실천되어 교회 안에 사랑과 섬김의 손길이 구석구석 미치고 있는가? 우리는 집사 직분을 바로 이해하고 새롭게 실천하

여야 할 것이다. 그것은 교회 공동체를 향한 하나님의 거룩한 뜻이다.

16. 건강한 교회 만들기(근간)
생기 넘치는 교회 생활과 사역을 위한 성경적 전략
도날드 맥네어, 에스더 미크 공저, 브라이언 채플 서문

이 책은 미국 P&R 출판사에서 출간된 책으로서, 교회라는 주제를 다룬다. 저자는 교회를 재활성화시키는 것을 돕는 컨설팅 분야에서 일하면서, 많은 교회의 문제점을 진단하고 개선을 유도하면서 교회들을 섬겼다. 교회 생활과 사역은 침체되어 있으면 안 되며 생기가 넘쳐야 한다. 저자는 탁상공론을 하지 않는다. 이 책에서 그는 교회의 관행과 관련된 여러 가지 실제적 문제점을 진단하고, 그 개선책을 제시하면서, 생기 넘치는 교회 생활과 사역을 위한 실천적 방법을 명쾌하게 예시한다. 그 방법은 인위적이지 않으며 성경에 근거한 지혜를 담고 있다.